U0669855

做在乡村

全国联合毕业设计

Designed in the Countryside
Unite Graduation Design

论文写在大地·设计做在乡村

◎ 陈庆军　袁诗群 ／ 著

東華大學 出版社
· 上海 ·

图书在版编目（CIP）数据

设计做在乡村：全国联合毕业设计 / 陈庆军，袁诗
群 著 . — 上海 : 东华大学出版社，2023.11
ISBN 978-7-5669-2176-5

Ⅰ.①设…　Ⅱ.①陈…②袁…　Ⅲ.①毕业实践—高
等学校—教学参考资料　Ⅳ.① G642.477

中国国家版本馆 CIP 数据核字（2023）第 019659 号

责任编辑　曹晓虹

封面设计　汪　旭

设计做在乡村：全国联合毕业设计

陈庆军　袁诗群　著

出 版 发 行　东华大学出版社（上海市延安西路 1882 号　邮政编码：200051）
联 系 电 话　编辑部 021-62379902
营 销 中 心　021-62193056　62373056
天猫旗舰店　http://dhdx.tmall.com
出版社网址　http://dhupress.dhu.edu.cn
印　　　刷　苏州工业园区美柯乐制版印务有限责任公司
开　　　本　787mm×1092mm 1/16　印　张　11　字　数　242 千字
版　　　次　2023 年 11 月第 1 版　印　次　2023 年 11 月第 1 次 印刷

书　　　号　ISBN 978-7-5669-2176-5　定　价　148.00 元

一个人做毕设

一群人做毕设

在校园里做毕设

在城乡间做毕设

在教室完成毕业答辩

在大樟树下、在荷花塘畔、在村舍前……

完成毕业答辩

全国联合毕业设计

让毕业时的模样更多可能

……

GRADUATION DESIGN

前　言

1

毕业设计，联合中创新

毕业设计和毕业论文，作为设计教育中总结性课程，几乎是对全部学业课程的回顾和深化，尤其是艺术设计专业所具有的实践性、应用型特征，在毕业设计的过程中，是培养学生综合运用所有专业知识和技能，独立解决问题的重要培养环节。对于人才培养单位而言，毕业设计和毕业论文的质量，毫无疑问是人才培养效果的直接体现；对于毕业生而言，是个人成长重要的汇报形式，甚至是阶段性学业总结和职业生涯的起点；对于行业或产业来说，每年一度各个院校的毕业设计展，几乎是设计和创意领域未来力量的大阅兵。

毕业设计作为时间跨度长、参与师生面广的重要实践课程，从学生选题的兴趣点、作品的呈现形式、毕业答辩和展览交流场景等，可看作是时代语境、前沿趋势的某种折射，从中可以看到设计的新生力量在设计与科技创新之间、设计与消费趋势之间、设计与社会责任之间、设计与未来想象之间的话语力量。由此，设计教育理应为学生在毕业设计的实践探索环节，搭建更广阔的平台。

艺术设计的实践性和应用性特点，具有"经世致用"的传统治学理想，东汉学者王充说道："为世用者，百篇无害；不为用者，一章无补"，可见，高校毕业设计的"选题"和"答题"的过程，理应关照现实，走进城乡场景，在真题真做中，把论文写在大地，设计做在城乡。

毕业论文、毕业设计的现实价值，在落地转化的过程中得到评估，从政、产、学、研的不同角度进行评价，这同样是联合毕业设计的一种探索和创新。

当下，以人工智能为主的信息技术呼啸而来，全球新一轮科技革命和产业变革对于设计教育、设计研究和设计实践带来前所未有的冲击。众所周知，设计早已摆脱了形式、风格层面的单维度讨论，已不单单是服务于经济活动的单一价值目标，设计作为驱动创新的重要力量已经形成共识，设计与科技、美学、情感、体验等深度交织，面对社会、文化、生态、商业等各个领域正在发生的变化定义问题，直接参与意义构建、社会治理、系统创新……设计正在经历的本体变革，当这一系列的变化传导到设计教育时，在深刻把握变革的理论逻辑、历史逻辑和实践逻辑的基础之上，任何教学方式、教学组织形态的改革和探索，都是值得鼓励的。

联合毕业设计的特点首先在于"联合"，在联合中合作，以此锻炼青年设计师开放、融合的专业精神，面对真实的场景，理解复杂的事物，引入跨学科的研究和批判性思维，进而在交叉学科、多学科、超学科之间展开联合和合作，相较于依托网络资源完成毕业设计来说，汲取更多的地方性知识、听到乡村现场的声音，无论是过程或者设计成果，无疑更为鲜活和丰满。

东华大学自建校之初就以我国人民穿得暖、穿得好作为学校的使命之一，70多年来，面向时代的真实需求，以满足人民对美好生活的向往为人才培养的方向。东华大学设计学科，相当长的一段时间内，在从穿得暖、穿得好，接过穿得美、穿得智能的接力棒，面向时尚产业、文创产业"真题真做"，同学们的毕业设计作品从T台走向大江南北、世界各地，一直坚持为产业"真题真做"、为社会"真题真做"。

全国联合毕业设计，得到浙江宁海县、上海长宁区的大力支持。宁海拟打造全国联合毕业设计基地，建设"毕设之城"的大学生友好型县域样板，将汇聚一批批青年学子，他们带着毕业设计的选题，走进乡村，深入社区，走向车间……答辩、展览、颁奖、创业路演、产品发布、落地转化……联合毕业设计作品以各种形式接受时代的检阅，宁海毕业季，成为未来之星启航的时节。

青年如初春，如朝日，如百卉之萌动，如利刃之新发于硎。联合毕业设计召唤着一批批怀揣创新梦想和创意激情的设计青年，走出校园走向城乡，在更广阔的天地挥洒设计才华，完成毕业设计，这是中国设计的未来希望。

李　俊

东华大学服装与艺术设计学院院长

前　言

2

梦想，在希望的田野上

经纬征程，日月东华。

风起于长宁，铺展青春的张力，洋溢浪漫的气息，从黄浦江畔来，从艺术殿堂来，披着东华霞光而来。

风集于宁海，文汇缤乡风骨，潮漾大海情怀，穿梭在葛家村的教授路，梅下湖的大樟树，岭口村的阆风故里。

风涌向九州，秉持财富理念，闪烁赋能光芒，奏响友好乐章，架起长三角"艺起来宁海"的桥梁，点燃"艺术振兴乡村"的激情，首开全国乡村毕设之先河，发出"要毕设来宁海"的倡议。

流年的时光，轻轻浅浅，斑斑点点。消逝的是边角尾料，沉淀的是使命担当。非常荣幸，在我人生最黄金的岁月，恰好遇到一帮志趣相投的教授导师，一群才志兼备的高校学子，共谋乡村振兴这个时代大题。

乡村大舞台，有梦想，就会精彩。牵头做艺术乡村这几年，我接触了上百个团队。东华大学陈庆军教授团队，则是百团里的"美团"。

我和东华，缘起于2019年暑期。首届校地协同融合设计(宁海)行动，东华大学等全国8所艺术高校、30个团队结对宁海30个村庄，开展"艺术提升品位""设计改变生活"行动，探索新时代乡村振兴新路径。此后，东华团队因地制宜、艺术切入、文化深耕，在沥水之阳、苍山之麓，"一部论语一个村庄"，打造出第一个具有东华标签的艺术赋能村——力洋孔村。

我和东华，缘定于2021年。那年5月，我率宁海文化共富团队赴东华开启"感恩"汇报之旅。期间，正逢东华毕业季，整个校园弥漫着艺术气息和时尚氛围，个性飞扬的毕设作品展，自信自在的青春秀场，让我大开眼界也大开脑洞。何不以大地为秀场，以乡村为舞台，以融合设计为课题，把高校毕设落地到广阔的乡村去？也就是在那个毕业季，我代表宁海县委宣传部，与东华大学服装与艺术设计学院签订了合作协议，校地协同破解"乡村缺人才、高校难下沉"的供需难题。翌年，我又受聘为服装与艺术设计学院专业学位硕士研究生校外导师，双向赋能探索"设计在地化、实践理论化"的校地人才联培模式。

艺术赋能，星耀缑城。

艺术振兴乡村，首创于宁海。以艺术破题，激发村民内生动力，改善乡村生活品质，润泽乡风自强自信，助推乡村振兴，助力共同富裕。初始阶段，该模式以"财富、赋能、友好"为核心理念，以"艺术赋能村民、村民振兴乡村"为运作模式，探索共富路上乡村主体觉醒、乡野融合设计、乡民活力经营的革新路径。经过四年多探索、丰富、集成创新，深化为"铸魂、赋能、塑形、兴业、共富"。目前，已经从建设艺术赋能村到打造乡村艺术谷、艺术湾、艺术风景线，模式输出贵州定汪村、四川德育村等6省53村，成为全国知名品牌。

比如"功夫涨坑""国学力洋孔""枫湖毕设"，就是东华团队的经典作品。在涨坑村，我们打造出"功夫涨坑"乡村IP，实现了寻根铸魂、造境塑形的基础赋能，找到了"功夫IP"和"共富ID"的转化路径，梳理出"富脑袋"和"富口袋"的发展通道。在湖头村，我们探索"枫湖毕设"品牌，首次把长三角12高校联盟集聚到乡村小区域真题真做，论文写在大地，设计做在乡村，让学生毕设从"闭门造车"走向"基层选车""一线赛车"。毕设作品不再停留在传统的档案文集中，优秀成果直接转化落地，从作业到作品再到产品，诠释从"学识应用"到"实操提升"的深化通道。

艺术设计融入美丽乡村建设全过程，是创意，也是创举。考验的是教授领衔人的设计能力，激发的是村民内生动力，改造的是学生艺术实践力，提升的是各相关方相互赋能的综合发展力。正所谓"天生我材必有用"，校地协同，艺术为桥，赋能作舟，乡村、乡野、乡民立体联动，以"艺立方"催发"才立方"，基于生活场景就地取材，基于生产场景为材引才，基于生成场景才材生财。艺术是灵动的，是沉思者的生活再现，是创造者的生活提炼，是文化润泽后的形神皆备。赋能也是动态的，态度与高度，眼界与境界，环节与细节，思路与出路，都是"纸上得来终觉浅，绝知此事要躬行。"

毕设之城，光照人生。

当然，任何一项伟大创举，都不会凭空产生，也不会一帆风顺。大家都会轻易想到，都很容易做，也就谈不上首创，体现不出价值。长三角12高校联盟背后，是全国一千多所艺术院校，蓝图美好，前景广阔。从"枫湖毕设"到"西店毕设"，虽然间隔一年，但是跨出的是一大步，标志着毕设从长三角一体化走向了全国一盘棋。联合毕设，也不再局限于乡村节点设计，触角延伸到城市设计、工业设计、品牌设计、导视系统设计，方式演化为整体设计、区域规划、组团实践，品牌拓展到人才品牌、党建品牌、产业品牌等。毕设的内涵和外延一经拉开，前途豁然开朗，前景无限光明。

两年毕设路，一路辛苦一路拼，一路风景一路歌。作为曲中人，我看到的是艺术的感染力，团队的战斗力，精神的感召力。曾记初到东华，我向服装与艺术设计学院吴晶书记建言："服装服装，也可以服务村庄"，吴书记笑而纳之。今年的"全国毕设嘉年华"，东华大学党委主要负责人亲临宁海，这就是支持的力量。庆军教授披星戴月，经常驱车校地往返奔波，我曾笑言："所谓跨海大桥，原来跨过上海就到了宁海。"他既当首席策划师、导师，又兼联络员、车夫、勤杂工，虽时有困顿憋屈，却始终激情昂扬，这是信仰的力量。也非常感怀同学们，把他乡当做家乡来想，把学业当成事业来做，身入基层，心驻乡村，虽粗茶淡饭、盛夏酷暑、蚊侵蝇扰而甘之如饴，即使理念有落差、村民有曲解也不轻言放弃，这是追梦的力量。

大爱若师，大声稀音，大象无形。当我们站在徐霞客出西门的宁海城楼回望，花漾海头、论语孔村、古韵湖头、诗画下畈、功夫涨坑，一个个艺术村庄，艺术点亮美丽蝶变。29公里石门乡村艺术谷，25公里自在蓝湾风景线，由时尚东华设计理念加持，串珠成链，精彩呈现。梅下湖毕设作品落地，村民对美好生活的向往，由念想成为现实。西店毕设优秀成果被企业家订购，学生对美好未来的期待，得到成功愉悦和市场检验。一枝一叶总关情，无边光景一时新。

小县城也有大格局，小创意也有大空间。当宁海毕设作品惊艳亮相威尼斯双年展，当英国、西班牙等艺术高校外籍教授联袂到宁海做毕设导师，我们看到了毕设从宁海走向四海、从四海辐射全球的光明前景。由此，我更强烈地感知到庆军教授的财富是沉甸甸的，东华团队的财富是鼓囊囊的，中国毕设（宁海）联盟的财富是金灿灿的。

梦想，在希望的田野上成就。

青春，在希望的田野上燃烧。

而我们，在梦想和青春中甜蜜驻守。

癸卯年九月十九，再逢庆军教授及东华团队于宁海，欣闻《设计做在乡村：全国联合毕业设计》即将付印，归而灯下漫笔，权为序。

葛民越

浙江省宁海县委组织部副部长，县人力资源和社会保障局局长、党委书记

东华大学服装与艺术设计学院专业学位硕士研究生校外导师

前　言

3

毕业设计，联合起来去城乡

在设计教育的人才培养方案和教学计划中，常常会根据办学理念或特色的不同，出现不同的课程名称。但是，全球范围之内的设计教育，无论是哪个国家、哪个院校，都会有一门共同课程，那就是毕业设计！

由此来看，联合毕业设计，本质上是课程教学的一次改革探索。

在我国，每年在上千所各类高校开设的艺术设计专业中，有逾百万的本科、研究生、高职的毕业生，要投入大半年的时间和精力，在专业教师的指导之下，完成他们的毕业设计和毕业论文。

栀子花开时节，各大高校校园竞相展览、发布学子们琳琅满目的毕业设计作品，更有高校以嘉年华的阵容，将毕业设计的成果融入毕业季的大型场景。一时间，毕业设计作品成为各大社交媒体平台的交响乐章，某种程度上，毕业设计、毕业论文是高校人才培养的成果体现，是学生学业的全部凝结。

就本质而言，毕业论文或毕业设计是知识生产、知识创新、实践创新的智力创造活动。历史上，高质量的毕业论文是推动人类文明进步的重要科研成果，比如，爱因斯坦的"相对论"、费孝通的"江村经济"，都是他们的博士学位论文。

中国设计教育，应该培养参与中国方案提出的未来设计、创意人才。其中，毕业论文的质量是人才培养和科学研究的风向标，同时，作为世界上大规模的设计教育大国，毕业设计的质量甚至是影响中国设计、创新创意的重要部分。在以"双万工程"为主要措施，大力推进学科与专业建设的当下，社会对于毕业论文或者毕业设计的关注远远不够。在设计学科竞赛满天飞的情形之下，以联合毕业的形式，促进学科、院校、校地、产教之间的交流和对话，应该是一种新的探索。

　　高质量的毕业设计作品来自优质的选题"种子"和过程管理中的精心培育，而毕业设计的选题从何而来？除了部分指导老师的研究课题之外，多数情况下，毕业设计由学生自选或者虚拟选题，难免与社会需求、时代需求脱节。

　　毕业论文、毕业设计的完成，要历经调研、选题、数据分析、方案构思创意、作品打磨提升、中期答辩、设计完稿、制作打样、毕业答辩、毕业展览等多个环节，在此过程中，同学们要把四年（本科）或者三年（研究生）的专业学习进行全面回顾和整合，针对特定主题，进行分析论证、方案创意，以完整的设计作品提出系统解决方案。

　　毕业设计推进期间，贯穿毕业实习、就业等关键环节，是大学生由在校学生过渡到专业设计师、进入职场的重要过渡期。从此以后，他们将要面对真实的设计任务，调用所有的专业积累开展工作。所以，毕业设计是艺术设计专业同学从学生蜕变到设计师、进入职场的关键转换过程。

　　世界设计组织将设计的主要贡献从三个方面进行定义，即驱动创新、推动商业成功、创造更加美好的生活。一部优秀的毕业设计，在尝试探索这三个贡献的同时，还应该结合国情民意，扎根祖国大地，面对中国问题，从创意和设计的专业角度，参与中国设计体系的建构。

　　联合毕业设计倡导毕业设计与毕业论文联合起来，扎根大地，面向未来。即以毕业设计的联合为起点，推进校地融合和产教融合，在政、产、学、研的互动中探索创新驱动的模式，以此形成"联合—融合—创新"的路径，建立高校和地方深度合作的平台和模式，促进教育链、人才链与产业链、创新链的有机衔接。

　　坚持专业实践与基层服务相结合，强化艺术设计专业的实践维度，联合毕业设计紧扣"把论文写在大地，把设计做在乡村"的定位，推动育人要素与创新资源共享互动，面向国家乡村振兴战略，关照现实，走进城乡场景，在"真题真做"的教学实践中，全面提升专业知识和技能的同时，设计管理、沟通、协调能力得到锻炼，毕业设计作品的价值在服务乡村振兴国家战略中得到体现，肩负起培养学生"为人民设计、为时代设计"理想信念的使命。

　　设计参与问题的提出、定义，并提出系统解决方案，仅仅立足于城市显然不够的。从脱贫攻坚到乡村振兴，艺术乡建、乡村设计，已经是众多高校开展实践的重要主题和领域。今日的乡村建设比以往任何时候都需要青年的加入。青年，以强劲的创意能量和活跃的创新思维，关照乡村的一草一木、一砖一瓦，将久远的农耕文明与前沿的数字文明相融合，探索乡村更多的可能性和多样性。乡聚毕设——2022长三角艺术振兴乡村高校毕业设计联合行动、2023全国联合毕业设计，聚焦于浙江省宁海县岔路镇的湖头村、下畈村，西店镇的岭口村、吴山村，以及西店镇腾浩电子、协生照明等乡镇企业。联合毕业设计从乡村人居环境、空间美学、产业升级、文化振兴、乡村品牌、城镇更新等各种选题着手，尝试从文化创意、设计驱动、社会创新的视角，回应乡村振兴战略、城乡融合发展、地域振兴的具体需求，参与未来乡村建设与共同富裕的擘划。

两届全国联合毕业设计行动迈开了从0到1的关键一步，从活动发起到部分毕业设计作品的落地、收官，来自全国各地的青年大学生用毕业设计方案与村民对话、激发村民内生动力，用艺术点亮未来乡村。与此同时，这些作品的背后，也从一个侧面体现了当前我国设计教育的现状，包括培养理念、学生对专业的理解，未来设计师的精神风貌和专业修养。

显而易见，联合毕业设计连接两端，一端是高校的人才培养和实践教育，另一端是地方经济、社会、文化建设和发展中对设计的具体需求，两端是"出题人"和"答题人"的关系，即地方围绕建设和发展的具体问题，凝练出各种类型的毕业设计选题，向全国高校发布，高校组织师生团队，针对产业和区域发展需求，调整教育资源布局，创新毕业设计和毕业论文的组织形态，促进教育和地方发展、产业升级的联动发展，切实推进校地融合和产教融合。进而言之，联合毕业设计是将全国艺术设计类高校的毕业生与地方发展相联系的纽带，更可作为地方政府招才引智的一次契机。

当高校和地方在毕业设计中围绕具体的目标进行联合，定能生发出更多的联合方式，比如村民、车间技师、创业者、手艺人等，联合大学教师，一起指导毕业设计和毕业论文，可谓社会是无言书，学生设计实践创新所需的各种显性和隐性的地方性知识，在联合指导之中都能获得。参与联合毕业设计的高校联合、学科联合、专业联合和师生联合在校地联合、毕业设计联合中得以展开。各种联合走向异质融合，在融合中创新，推出更高质量的毕业设计和毕业论文。

选题的丰富性、参与学生群体的多样性是联合毕业设计可持续推进的保障。联合毕业设计将从艺术乡建的选题板块，面向国家战略和区域发展，延伸到地域文化、全域旅游、工业制造、数字艺术、新型服务业等各个领域，在第一、二、三产业中形成环境设计、工业设计、乡村设计、服务设计、文创设计、数字体验等选题板块，参与联合毕业设计的群体也可从本科生延伸到硕士研究生、甚至博士研究生。我们的愿景是，联合毕业设计的经验模式延伸到社会科学和自然科学领域，真正呈现"论文写在大地"的蔚然之风。

浙江宁海，近年来社会事业各方面始终保持极强的创新活力。作为全国联合毕业设计的发源地，宁海的空间形态、产业结构、地域文化，是毕业设计选题的理想之地。宁海除了沙漠之外，中国的地形地貌特征都具备，从海岸线到平原、山地、温泉、草甸等应有尽有，几乎是浓缩的中国。宁海的乡村具有中国乡村的典型形态，浙东民居、五匠之乡、十里红妆等民俗非遗不一而足，方孝孺的"天下读书种子"、徐霞客开游地、潘天寿、柔石故里等地域文化名片，以及工业领域的文具、户外用品等产业聚集，第二产业、第三产业的结构丰富，在推进乡村振兴，实施创新驱动发展、新型城镇化、制造强国战略等方面，所能凝练的毕业设计选题，具有中国样本的价值。

宁海拟打造全国联合毕业设计基地，建设"毕设之城"的大学生友好型县域模版，将汇聚一批批青年学子，他们带着毕业设计的选题，走进乡村，深入社区，走向车间……答辩、展览、颁奖、创业路演、产品发布、落地转化……联合毕业设计作品以各种形式接受时代的检阅，宁海毕业季，定是未来之星启航的时节。

以"开放性、共享型"为建设理念，宁海拟打造"中国毕设之城"，在建设大学生友好型县域平台中集聚青年人才，促进青年大学生的创新力、创造力转化为宁海县的发展动力，在将设计、创意、艺术与宁海的地域发展、产业升级全面融合的过程中，极大活跃宁海的创新氛围，并向全国输出宁海的创新范本。

为此，我们一起努力！

陈庆军

东华大学服装与艺术设计学院教授
全国联合毕业设计发起人

序　言

　　如果说现代设计是人类文明行进至工业文明阶段的产物，那么设计的文化之源可回溯到农业文明和农耕文化。人类在造物、装饰的实践历程中不停地探索材料、功能、形式、审美、情感等之间的平衡关系，这类探索始于一块石头、一把泥土、一片树叶、一粒种子……在男耕女织、陶陶罐罐中形成缤纷多彩的生产方式、行为方式和思维方式。

　　一般认为现代设计是19世纪劳动分工和机械大生产加速发展的结果，英国手工艺运动被认为是现代设计的滥觞。威廉·莫里斯在设计行动中生发劳动愉悦、生态环保、设计为平民服务的观念，甚至在晚年发起乡村保护行动，其作品中随处可见卷草、花卉、禽鸟等元素，在大工业生产和资本扩张的洪流中，他高扬设计创造美好世界、美好生活的旗帜，这种力量穿透至今。人类历经一个半世纪工业化、城市化的狂飙，可持续发展的困惑与信息科技带来的虚拟想象交织在一起，再看看眼下的彷徨与未知、冲突与困顿，威廉·莫里斯当年的价值立场似乎更值得设计界反思。现代设计的先驱总是回到人类文明的原乡去寻找智慧，人与自然、人类劳作、繁衍生息的真实场景在于乡村。

　　在我国，梁漱溟、晏阳初、卢作孚等有识之士在一百年前就踏上了现代意义上乡村建设的征途，在中国城乡巨变的一个世纪里，乡村建设在各种实验和探索中一路向前，从未停歇。不可忽视的是，21世纪以来，城市知识分子和青年群体从文艺、设计、创意的视角走进乡村带来的新力量，在快速改变乡村的形态。

　　乡村里的毕业设计，是将大学设计教育中的毕业设计场景，转移到乡村现场的一次积极的尝试和探索。

　　对于个人而言，毕业，是人生道路上重要的进阶时刻，往往以毕业答辩、毕业典礼等极具仪式感的场景镌刻于人生记忆之中。毕业意味着一段学业结束，然后向新的人生历程的进发，一次次毕业，人生一次次蜕变，走向更完美的自己。

　　在国家、民族的历史征程中，毕业，意味着更多更强的青年力量参与到人类文明的建设和推动之中，《毕业歌》唱道"我们今天是桃李芬芳，明天是社会的栋梁。我们今天弦歌在一堂，明天要掀起民族自救的巨浪"，歌中是国家和民族在危难之际对于毕业青年的召唤。马克思17岁时，在毕业论文里写下了这样的话语："如果一个人只为自己劳动，他也许能够成为著名的学者、伟大的哲人、卓越的诗人，然而他永远不能成为完美的、真正伟大的人物。"由此可见，毕业，对于个人、对于国家、对于时代，都具有重要的意义和深刻的内涵。

一方面，我国高等教育取得的成就举世瞩目，近年来，已经迎来了每年千万级数量的大学毕业生。与此同时，我国也是全球规模最大的设计教育大国，每年有超过百万的本科生、研究生和高职院校毕业生从设计专业毕业。这些毕业生，要完成毕业论文（部分专业包括毕业设计），走向社会，融入时代，成为国家的建设者，这是多么重要的新生力量！

另一方面，现实教育大环境下的艺术、设计、创意的学科和专业特色，让这些即将走出校园的设计青年不同程度患上毕业焦虑症，他们以各种形式在社交媒体中表达"毕设"的众生相，或希望、或焦虑、或激情、或彷徨……

近年来，受到商业策略中场景与事件营销的启发，以毕业设计、毕业生为主要内容而延伸出来的毕业季活动不断升级迭代，数字技术进场、场景搭建升级、沉浸式的毕业嘉年华，给优秀的毕业设计和毕业青年提供了具有极大视觉张力的舞台。毕业季、毕业嘉年华，在科技、美学、商业策略等助推之下，以毕业和青春的名义，已经成为校园文化甚至城市文化品牌的新内容。

毕业季嘉年华

一代人有一代人的毕业典礼！我们应该积极拥抱具有时代活力、融入科技美学的毕业设计传播智慧，在新文明、新经济、新消费逐渐形成的洪流之下，应该给Z世代的毕业生以无限的想象空间和创造空间，让他们满载活力、充满激情，融入文化和创意产业大军。由此看来，每年春夏时节，校园或者街区的毕业嘉年华景象，可以看作是设计和创意人才培养的创新环节。

回到设计教育本身，理应对毕业设计本体进行检视和思考。

《装饰》连续15年组织毕业设计的专题，在最近一期的毕业设计专栏前言中，方晓风教授明确指出："对于设计教育的讨论，毕业设计是一个非常好的题材，因为这是教学中集大成的环节，既反映教育思想、教学观念，也能从中看出年轻人对待专业的态度和认知，教与学双向的内容都有所体现，同时更能看出不同专业在设计教育整体体系中的位置和作用。"显然，对于每一位设计专业的毕业生而言，毕业设计是全部学业的凝结，是专业水准的直接体现。对于培养院校来说，毕业设计是教学水平和教学效果的标尺。对于整个设计行业和产业来说，从中可看到未来的行业力量。

由此来看，对于毕业设计的重视，再怎么强调都不为过。每年的毕业答辩和毕业展览都会如期举行，毕业生需要在毕业季的慌乱之后，匆忙收起行囊赶往下一站，所以出现了一周赶完毕业设计的例子，更有极端的花几十元可在网站购买成套毕业设计，甚至与"枪手"交恶的话题上了热搜，刺痛了整个设计教育的神经。人才培养单位对于毕业设计答辩质量的严苛把控，甚至因为毕业设计的质量不过关而暂缓毕业的决定越来越艰难，更多是疲于统计就业率。这样的情形如果见怪不怪，就是设计教育最值得警惕的现象。

另一方面，众多的设计论坛和交流研讨中，鲜有围绕毕业设计的议题而展开讨论和对话。在教学研究和改革的探索中，毕业设计也难以成为一个重要的主题，知网上在人文社科板块以"毕业设计"进行论文检索，论文数量不到600篇。

毕业设计，归根结底是一门专业课程。在设计专业的培养方案中，毕业设计是教学计划中学时最长、学分最高的必修课程。因此，关于毕业设计的一切探索，都是一项具体教学改革的行动。在艺术设计专业领域，开展跨地区、跨院校、跨专业的联合毕业设计行动，并具体到服务地方发展，进行具体选题，尚属于首次探索。

目　录

第一章

「全国联
合毕业设
计」概述

　　"美术、艺术、科学、技术相辅相成、相互促进、相得益彰。要发挥美术在服务经济社会发展中的重要作用，把更多美术元素、艺术元素应用到城乡规划建设中，增强城乡审美韵味、文化品位，把美术成果更好服务于人民群众的高品质生活需求。要增强文化自信，以美为媒，加强国际文化交流。"

　　——2021年4月，习近平总书记在清华大学考察时的讲话

第一节
行动的背景

每一年的9月开学季，摆在毕业班同学面前的几件事是：实习、就业、考研升学或者出国，少数同学会尝试创业，这些都是每个同学根据自身条件可以进行的规划和选择。而要完成毕业设计、毕业论文，最终要通过毕业答辩、进行毕业展览，是每一位设计专业的同学必须要完成的学业计划。

在我国，目前每年有一百多万名艺术设计类毕业生，要投入大半年的时间和精力，在专业教师的指导之下完成毕业设计和学位论文。毕业设计作为学分最高的实践类课程，要把专业学习进行全面回顾和整合，针对特定毕业设计主题，历经选题、开题答辩、调研、数据分析、方案构思创意、中期答辩、作品成型、设计完稿、制作打样、毕业答辩、毕业展览等多个环节。期间贯穿毕业实习、毕业就业等关键的实践环节，是艺术设计大学生由在校学生过渡到专业设计师的重要过渡期。

毕业设计的第一步，便是选题，往往是毕业生根据自身的兴趣和未来规划，同指导老师进行充分沟通之后，确定选题。而选题大多会有两种类型，一是虚拟的选题，二是真实的选题。前者具有更灵活、更自由的发挥空间，鼓励对概念设计、未知领域的探索，但是如果投入不够，更容易流于空洞的形式表现。后者更具有实操性，有基础条件、清晰的目标等约束，如果作品成熟，具有直接应用和落地转化的价值。因此，虚拟选题和真实选题各有利弊。

设计专业与生俱来的行动导向和实践特色，多少会投射在毕业设计的作品风格上。因此，当强调毕业设计或毕业论文的完整性、系统性时，"真题真做"所具有的清晰的对象、明确的边界、特定的目标，对勇于挑战的毕业生同学来说，会是更优选择。

因此，"真题真做"的诉求普遍存在，高质量的"真题真做"应该体现在真机会、真实施、真转化，浙江省宁海县以"毕设之城"的地域品牌建设，为广大设计类毕业生提供"真题真做"的综合实践平台。

随着国家乡村振兴战略的持续推进，以乡村为主阵地的设计实践和研究，已经在设计类院校中以不同的形式在探索，尤其是近5年来，设计院校的师生们纷纷走向乡野，以课程设计、专业比赛、暑期实践等各种形式展开工作。不容忽视的是，一批批师生团队从不同视角、以不同的理念和方法，发挥设计创意的人才、学科优势，在赋能乡村建设的征途中形成一批高质量的案例作品，如同济大学的"设计丰收"、湖南大学的"新通道"、四川美术学院的"乡村美育实践"，以及碧山计划、许村计划等，探索符合时代特征、来自本土实践的乡村设计策略和方法。

浙江省的乡村建设一直走在全国前列，2019年4月开始，中国人民大学艺术学院丛志强副教授带领师生团队与村民协同，以"艺术赋能村民·村民振兴乡村"的理念，在宁海县葛家村开展的艺术振兴乡村驻村设计，取得卓有成效的实践成果。宁海县"艺术振兴乡村"文化深耕模式成为浙江乡村振兴十大模式之一，不断推陈出新、迭代升级，整合高校教授团队、艺术家等各方资源，吸引了南开大学、东华大学、山东师范大学等多个高校师生团队驻村开展艺术乡建工作。

2019年至今，东华大学陈庆军教授依托国家艺术基金"长三角乡村振兴战略的文创设计人才培养"项目，以及上海文教结合项目"长三角乡村设计研究工作"的课题研究，与宁海县建立了深度的校地合作关系。2021年5月8日，浙江省宁海县宣传部相关领导一行，受邀到东华大学服装与艺术设计学院针对数字乡村设计课题研究、研究生联合培养基地建设进行洽谈与交流。而此时，正值"环东华时尚周暨东华大学服装与艺术设计学院毕业季"系列活动拉开帷幕，时装秀、作品展、创意市集、论坛等交流活动应接不暇，在这样一个洋溢着青春活力、设计创意的氛围之中，校地双方围绕"在乡村做毕业设计"的构想展开了热烈讨论与论证。

面向一个真实的乡村，组织不同院校、不同专业的毕业班同学，围绕乡村振兴中的实际需求，从人居环境设计、乡村公共空间设计、乡村物产品牌设计、村民创业的设计需求等等视角，凝练出一系列的毕业设计课题，组织参与师生，进村调研、访谈，驻村将毕业设计作品进行落地转化，在乡村现场，围绕毕业设计、毕业论文进行答辩、展览和交流。

这一个构想逐渐成形，宁海县委宣传部和岔路镇人民政府，帮助这个构想去推进、去实施，于是，全国联合毕业设计迈开了第一步——2022年，在宁海县岔路镇的湖头村和下畈村，以"乡聚毕设"为主题，启动长三角12高校联合毕业设计行动。2023年，以"走向城乡"为主题，以西店镇为主阵地，展开全国联合毕业设计行动。2024年，以"城乡切换·青年力量"为主题，链接上海设计之都的资源，推进AIGC全程在场的训练，并得到英国皇家艺术学院导师团队的支持，全国联合毕业设计持续升级（图1-1~1-3，联合毕业设计启动仪式现场）。

图 1-1
2022 联合毕业设计

图 1-2
2023 联合毕业设计

图 1-3
2024 联合毕业设计

艺术和设计，作为驱动创新、推动地域振兴、创造更美好生活的新兴动力，已经形成了广泛共识，并引起前所未有的关注。全国联合毕业设计坚持"论文写在大地·设计做在城乡"核心理念，拟在全国范围内建设毕业设计基地，全方位链接城乡资源和全国高校毕业生资源，搭建高校设计专业实践的综合性教学创新平台（图1-4）。

地方与高校，双向赋能！

每年，中国百万计毕业生，要投入至少
半年时间，完成毕业设计和毕业论文。
地方，为"真题真做"搭建平台！

知识生产、知识创新！

大学毕业论文、毕业设计在问题
现场，面对中国问题，提出中国
方案，实现知识生产和知识创新！

青年活力，创新动能！

一批批大学毕业生来到地方，在学业收官之时，提供创新、创意、创业的新动能。

图 1-4
联合毕业设计的行动
逻辑

地方：青年深入乡村

缺人，尤其缺年轻人！是乡村振兴前行道路上最重要的问题。

随着过去几十年城市化和工业化进程的快速推进，乡村与城市越走越远，现实中的乡村面临严峻的空心化和老龄化。乡村振兴战略的持续推进，乡村的产业、文化等振兴，都要建立在人才振兴的基础之上。联合毕业设计，通过具体行动吸引一批批有专业力量、有先进理念、有责任担当的大学毕业生来到乡村，在学业收官之时，提供创新、创意、创业的新动能。

得年轻人者得天下，已经是广受共识的历史规律。年轻人的创造力、消费力、行动力，是推动时代进步的重要力量。产业振兴是乡村振兴的重中之重，而乡村产业的转型和升级迫切需要青年力量的参与，无论是农业科技，一、二、三产融合，都需要新的市场模式、新的运营理念，将乡村资源转化为市场资源和商业机会。在这个过程中，产生出大量的设计需求，比如，乡村物产需要整体的品牌塑造和传播、乡村农场需要活动策划和体验设计、村民要经营民宿需要设计、乡村文化的形态创新需要设计，人居环境的提升、乡村公共空间改造、村民创业等。

毕业设计，是设计专业大学生在大学校园或者在城市里完成的事情，何以与乡村联系在一起？随着乡村振兴的深入推进，越来越多的乡村将产生实际的设计需求。而每年数十万计的设计专业大学毕业生，需要以具体的设计内容完成毕业设计，如果大学毕业设计或毕业论文中以乡村设计为主题，深入真实的乡村现场，就能在与村民对话、品尝乡村美味、触摸乡村材料等体验活动中打开设计思维，探索设计元素、寻找设计灵感。

人才是实现创新驱动发展的重要支撑。联合毕业设计以地方毕设基地的建设布局人才链，将教学平台打造为引才、聚才、用才平台，旨在吸引更多高校毕业青年到地方创新创业，为地方建设富于创新活力的人才蓄水池。

利用青年的力量和智力资源，服务地方的区域发展，以此深化产教融合，促进教育链、人才链与产业链、创新链有机衔接，推进人力资源供给侧结构性改革。

地域品牌的意义在于促进"校地联动"共建服务载体，整合各方资源，将联合毕业设计融入地域发展的各项战略，打造地域创新品牌。

高校：承担社会责任

全球大学创新网络（GUNI）与联合国教科文组织等合作编写的世界高等教育报告《面向2030的高等教育新愿景》描绘了全球高等教育现状与趋势，明确指出推动研究与创新服务社会变革需要，通过重塑大学实现可持续的未来，建立坚韧、创新和有社会责任感等，是未来10年及以后高等教育机构的发展前景。

中共中央办公厅、国务院办公厅印发的《关于加快推进乡村人才振兴的意见》中提出"吸引各类人才在乡村振兴中建功立业，健全乡村人才工作体制机制，强化人才振兴保障措施，培养造就一支懂农业、爱农村、爱农民的'三农'工作队伍，为全面推进乡村振兴、加快农业农村现代化提供有力人才支撑"。高校参与乡村建设、推进城乡融合的实践一直在行动。最初，农林类的院校第一批奔赴乡村；随后，社会学、管理学、经济学类的学科专业紧跟其后；近十年来，艺术设计类的院校已经在全国乡村拉开实践的大幕。

2018年，教育部印发《高等学校乡村振兴科技创新行动计划（2018—2022年）》，同时提出"培养造就一支懂农业、爱农村、爱农民的人才队伍，使高校成为乡村振兴战略科技创新和成果供给的重要力量、高层次人才培养集聚的高地、体制机制改革的试验田、政策咨询研究的高端智库"。

全国联合毕业设计行动，是高校将人才培养和服务社会进行结合的具体探索，形成乡村作为"出题方"，高校作为"答题方"的双向奔赴。在组织联合毕业设计的过程中，针对乡村振兴战略的创新人才需求，重点从文化艺术、创意设计、城乡规划、风景园林等学科视角，推进学科交叉与融合创新。在推进联合毕业设计的过程中，面向乡村产业振兴、文化传承、人居环境、乡村旅游、数字乡村、乡村电商、基层文化服务等具体领域，在大量实践和科研的基础之上，探索人才培养的内容创新、机制创新。尤其在新文科、新艺科建设的背景之下，立足学科交叉，扎根本土，在毕业论文中探索文化、艺术、农林、经济等学科的交叉与融合，将人才培养、科学研究、社会服务通过毕业设计、毕业论文在城乡真实的场景中进行改革和创新。

青年：更大人生舞台

全国联合毕业设计的行动主体是大学毕业生，作为艺术、设计、创意的大学毕业生，在20多岁探索未知的激情、创新思维的活跃，都是在毕业设计和毕业论文中体现青春力量的最优动能。设计专业本身的实践性、应用性特征，在毕业设计中更强地体现出来。在工业化、信息化、城市化狂飙猛进的背景之下，毕业设计的选题关注点常常是基于技术的虚拟世界，或者是城市、消费语境下的探索，尤其在城乡二元对立的逻辑中，乡村的资源价值一直没能受到应有的重视。

不可否认的是，工业化、城市化快速发展所带来的一系列问题，越来越引起人们的警觉，乡村自然和人文环境所具有的治愈、回归价值，也逐渐引起关注，尤其是随着交通条件、网络信息技术的发展，城乡切换也更为自如，这为大学毕业生的实践、就业甚至创业提供了新的可能性。在这个角度来看，乡村为更具开拓精神、更想有挑战机会的青年会提供更辽阔的人生舞台。

设计青年在毕业设计的选题和实践中，面对乡村场景的实际需求，强调毕业设计与科技、与生活、与社会的深度关联，融入时代观念、美学风格、消费趋势，积极探索乡村资源与前沿科技接轨。另一方面，立足乡村经济和产业发展的需要，结合国家方针政策，体现服务社会的应用价值。

毕业设计连接着高校和社会两端，是毕业生进入社会的衔接和过渡。高校毕业生作为一股强大的社会新生力量，是创新创业、创意产业的新鲜血液。近年来，留在城市，进入"大厂"仍然是毕业就业的主要去向，而乡村新兴产业所需的策划、设计和运营人才极为紧缺。如果设计专业的毕业生将乡村产业振兴相关的内容作为毕业设计、毕业论文的选题，在乡村现场开展毕业设计，沉浸式地体验乡村的环境，可以为留在乡村就业或者创业打下基础。不可否认的是，在社会和经济转型的过程中，乡村的就业或创业机会开始吸引更多青年的关注。对于设计青年来说，乡村的资源是设计创意的重要素材，乡村的建设运营为开拓事业提供更广阔的舞台。

第三节
行动的实施

全国联合毕业设计，以"论文写在大地，设计做在城乡"为核心理念，建设高校与地方联动共建设计教育的实践平台，推动组织联建、阵地联办、资源联合、活动联手、情感联通，构建城乡建设共同体，打造地方"出题"、全国青年大学生"答题"的联合毕业设计模式，实现地方发展与高校青年人才培养的双向奔赴。

联合毕业设计最主要的特点是三个层面的"联合"，即跨院校的联合，跨学科和专业的联合，高校导师与乡村导师、产业导师的联合（图1-5）。

联合毕业设计
三个层面的"联合"

01

环境设计、视觉传达设计、产品设计、
数字媒体艺术、广告学、社会学

·跨学科
和专业联合

"高校导师+乡村导师+产业导师"

跨导师
联合指导

跨院校
联合

2022年长三角12所设计院校的联合
2023年形成全国联合毕业设计的规模

02   03

图 1-5
联合毕业设计的"联合"
框架

整个行动从需求端（毕业设计选题）和输出端（毕业设计落地）确保毕业设计的成效，以"校地联动"共建教学平台，由多专业、多院校、多方力量协作，在毕业设计、毕业论文的"真题真做"中链接高校的青年设计人才，将毕业设计选题与地方发展的需求对接，进行校地融合、产教融合的教学创新探索与实践。在教学过程中，鼓励青年大学生在调研、创意、转化、落地等各个环节，以专业实践参与到城乡建设、企业创新、地域振兴之中，促进毕业设计和毕业论文的成果转化，同时为青年就业、创业探索新渠道、新路径（图1-6）。

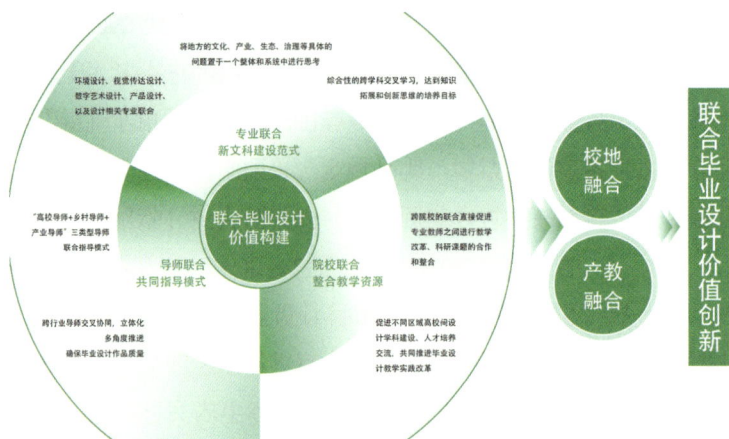

图 1-6
联合毕业设计的价值
创新路径

联合毕业设计是以资源整合促进社会合作，以乡村在地设计实践，推进实现城乡共生、融合的社会创新集体行动。联合毕业设计，在青年学子、高等院校、地方民众、地方政府的多主体互动与在地实践过程中充当了"连接器"的角色，其行动定位充分考虑到了各方的需求。

在具体的行动中，视觉传达设计、环境设计、数字媒体艺术、产品设计、广告学、建筑学等各个专业方向的学生，以设计和创意的力量发现、解决地方的实际问题，可以为地方文旅、地域品牌、企业创新、艺术乡建等提供系统的设计方案。

大学毕业论文、毕业设计在现场面对中国问题，提出中国方案，学生将"在场"的探索经验转化为毕业创作、毕业论文撰写的研究材料，实现知识生产和知识创新。

行动起点：种子计划

一个好的选题，往往是决定毕业设计、毕业论文质量的重要部分。一般情况下，高校的毕业设计选题有三个方向来源，指导老师的纵向课题、横向课题以及师生商讨的虚拟选题。纵向课题往往更具学术性；横向课题与产业、市场结合紧密，两者都要受到具体条件，甚至甲方需求的约束；而虚拟选题具有更大的自由度，可以是对未来趋势、概念设计的探索，但是因为缺少明确的产出要求，目标较为模糊，如果缺少过程管控，最终作品质量难以保障。

全国联合毕业设计强调"真题真做"的联合行动，因此，所有选题均来自真实的需求、真实的场景。

每一个选题犹如一颗"种子",毕业设计、毕业论文的最终成果,首先发源于一颗优质的"种子"。因此,在联合毕业设计启动之初,"种子计划"非常重要。

"种子计划"除了好的选题之外,还有一重含义是参加选题的毕业生也是一颗好的"种子"。设计教育的现实中存在不少学生对专业学习失去兴趣、没有具体的目标要求的问题,尤其是近年来,"躺平""摆烂"的消极情绪时常散布于社交媒体,本科毕业同学面临考研升学、就业等实际压力,毕业设计、毕业论文常常沦为并不重要的学业内容,学生得过且过,觉得通过答辩即可。毫无疑问,这种现象严重影响了我国设计教育的质量。

鉴于此,全国联合毕业设计行动投入了大量的组织工作,甚至是直接的经费支持,以期为好的"种子"提供成长的土壤,为有梦想的毕业班同学提供一切条件,让毕业设计成为学业中的高光时刻。

好的选题"种子",指支持联合毕业设计的地方政府、企业对设计需求具体化,且有配套资源支持优秀毕业设计的转化和落地。面向乡村振兴的联合毕业设计行动,将乡村真实的需求以及乡村建设的部分政策资金,整合在毕业设计之中,确保有好种子、好收成。

好的毕业生"种子",指一批有专业理想、有行动能力、有远大目标的毕业生同学,他们珍惜全国联合毕业设计的机会,利用好各种资源,从选题、调研、方案形成,到与村民交流、驻村体验,最终的答辩、展示,协同各方资源推进作品落地。他们全力以赴,在获得奖项(奖金)、受到媒体关注的同时,自身综合能力和素养在参加联合毕业设计的过程中得到全面提升,为未来职业生涯奠定了重要的基础。

行动过程:全方位的培育

设计教育、设计产业的大气候通常是一个时代的思想观念、科技工程、经济基础、创新政策、价值取向等要素的综合体现,而探索精神、实践品格,以及执行能力,往往能够改善小气候,提供一片土壤。全国联合毕业设计行动,得到了高校、政府、企业的鼎力支持和参与。浙江宁海作为全国联合毕业设计的发起方,以"毕设之城"的建设目标,为全国设计专业的"种子"选手提供一方成长的沃土,直接推动设计实践教育改革。

光照充分、浇水施肥、去除虫害、修剪枝叶……如此悉心照料,才能收获硕果满园,一颗好的"种子",需要肥沃的土壤,精心的培育,才能有所收获。全国联合毕业设计以开题路演、中期路演、终极答辩等一系列对应高校毕业设计管理过程的举措，穿插工作坊、训练营、驻地毕设等环节，组织"高校导师＋乡村导师＋企业导师＋产业导师"的指导模式，设定培育计划，重点跟进和针对性指导，助力"种子"优质成长。

　　一个好的选题确定后，还需要高校导师、产业导师、乡村导师组成联合指导的"园丁"团队，从高校人才培养的规律、学科与专业前沿趋势，以及来自乡村生活的智慧和地方知识、产业一线的实践经验等各个角度，立足未来探索、理论支撑、技术前沿、商业赋能等，针对设计方案、毕业论文进行指导，才能培育出优秀毕业设计作品和优秀的毕业生（图1-7）。

地方平台：全国联合毕业设计基地

选题（种子计划）——培育（开题、中期、驻地、答辩）——孵化——价值转化

联合指导讲座	主题工作坊	毕设训练营	创业指导
高校导师	乡村导师	企业导师	产业导师

过程管理，质量工程，培育优秀毕业设计，为地方提供方案。

图 1-7
联合毕业设计的
执行方式

行动目标：系统价值转化

　　联合毕业设计的最终成果，不在于通过了答辩、举行了展览，形成了一本本方案或者一块块展板，而是在乡村振兴的现场，在社区、在企业、在网络平台等处都有毕业设计作品的真实落地和价值体现。

　　"真题真做"的毕业设计，最终的成果具有真实转化的可能性。比如，2022年的联合毕业设计中，安徽大学陈泓教授与宁海下畈村支书周方权联合指导的汤畅同学的毕业设计"下畈儿童乐园"，在岔路镇和下畈村的支持下，在村头的松树林边完整落地，为乡村儿童提供了游戏、科普的新空间。围绕该儿童乐园，村里举行了一系列的儿童自然研学活动。

　　周方权举例说，"童趣下畈"儿童游乐区建成后，很多幼儿园主动来联系，想在村里举办活动。"前段时间，孩子们组团来春游的特别多，我们村名声一

下子打响了。学生们的毕业设计，确实为村里增加了不少新鲜的东西，以后村里发展还想请他们来做规划。"（节选自《人民日报》海外版报道）

人们通常认为，大学生的作品稍显稚嫩以致难以落地。而联合毕业设计行动会借助联合的力量，尤其是乡村导师和产业导师的加入，可以全面论证、深入挖掘毕业设计作品的实际应用价值。对于缺乏实际项目经验的大学毕业生而言，他们的作品难免缺乏落地所具备的诸多因素，但初生设计师的某个创意闪光点往往是原创作品质量的火花。

毕业生基于来自乡村建设中的毕业设计选题所完成的毕业设计作品，在乡村振兴的现场落地转化，参与到人居环境的提升、公共空间的改造、乡村文化的创新传承，帮助村民创业，这正是设计青年参与乡村振兴的实际行动。

当然，联合毕业设计行动除了作品的实际转化之外，对于设计师的个人成长也助益匪浅。毕业生在乡村振兴真实场景中，受乡土文明、地方知识与现代设计、当代生活方式的重塑的影响，在毕业设计中的思考和探索所形成的价值转化是无形的、影响是深远的。

作为系统价值转化的行动目标，直接体现在"作品的融合"和"人的融合"。毕业设计作品与乡村建设相融合，赋能乡村振兴，让以往图册中的方案在乡村大地得到价值体现。"人的融合"则是毕业生沉浸式体验乡村文化、风物、融入情感，甚至通过就业或者创业，延伸毕业设计的价值链，为乡村人才振兴带来青年力量。

毕业生与乡村的融合，除了实际的落地转化之外，对有获奖需求的个人或团队（优秀作品），实行以赛促教，对标IF、红点、红星奖等国际、国内顶级赛事，以国际大赛工作坊的形式进行参赛辅导。对于优秀作品和有意向创业的个人或团队，将享受地方青年人才创业培训、政策、资金扶持保障。优秀作品经过专家委员会评估，将由导师团进行专门指导，提供经费和人力支持落地实施（图1-8）。

图 1-8
联合毕业设计的行动保障

行动流程：同步中叠加

全国联合毕业设计主要以本科毕业生参与为主，全流程的设计贯穿大学四年级两个学期。总体流程基本与高校毕业设计的组织过程同步，同时叠加专题工作坊、训练营和驻村毕设等环节（如图1-9）。

2023.07	2023.08	2023.09	2023.10	
策划协作	**首批招募**	**选题发布**	**二次招募**	**开题答辩，开启训练营，中期答辩……**
完成活动整体策划	完成第一批联合毕业生	开学季盛大发布	完成第二批联合毕	
确定活动协作方	的招募任务	毕设选题	业生的招募任务	
发布2024年联合毕设核心概念				
组建专班	联合导师			
明确资金	论证选题			
全面规划	提供保障			

图 1-9
2024 全国联合毕业设计流程

（1）确定地点，凝练选题

7—8 月，当年的毕业设计完成之后，组委会与合作方商议完善策划方案，确定选题落地点，对落地点进行初步调研，梳理现有资源，初步形成选题框架内容。举行选题论证会是重要的环节，分析现有资源，论证最终作品落地的可行性，明确配套资源，凝练出符合高校毕业设计和毕业论文要求的题目。

（2）确定团队，发布选题

9—10 月，通过线上、线下，正式发布选题，通过举办宣讲答疑、主题论坛、研讨沙龙等系列活动，使得高校师生充分了解选题内容。对意向参加团队，分批次组织现场踏勘、调研访谈。

（3）开题仪式，联合指导

11—12 月，确定院校和师生团队的具体选题内容，进行第一轮指导教师沟通会。根据具体选题内容，确定乡村导师、企业导师与高校导师的联合指导团队，组织乡村现场的开题仪式，导师团队对选题提出建议，明确落地支持的条件。

（4）进场实践，落地推进

次年1月—4月，参与院校团队分批次进入乡村、社区、企业推进毕业设计和论文撰写，高校导师、乡村导师、企业导师共同指导，重点推进作品落地转化、打样及上线。针对毕设进展，推进人才就业与创业孵化。4月初进行中期路演。

（5）毕业答辩，毕业展览

次年5月—6月，完成在地实习以及作品转化，组织毕业答辩，由高校导师、乡村导师、企业导师组成答辩评委团，高校毕业设计展在宁海和各高校进行，5—6月份，以终极答辩、毕设市集、毕设歌会等形式，举行乡村毕业季。

（6）跟踪落地、总结回顾

次年7月—8月，继续跟踪推进方案落地转化。总结回顾，整理成果，作品集册出版，后续活动计划。

第四节
行动的历程

　　浙江省的乡村建设一直走在全国前列，比如，浙江推行的"千村示范、万村整治"工程成为全国学习的样本，尤其是近年来，在全面推进乡村振兴阶段，浙江各地、各级政府以创新驱动，结合乡村振兴的实际需求谋划更多的新方法、新内容。在浙江共同富裕示范区、未来乡村建设的相关政策文件内容中，对乡村提出高水平、高质量的建设要求。2022年中共浙江省委宣传部、浙江省乡村振兴局、浙江省文学艺术联合会联合发出《关于开展"艺术乡建"助力共同富裕的指导意见》，文件指出，要充分发挥文艺在乡村建设中的独特作用，激发乡村内生动力，促进人民实现物质富裕、精神富有（图1-10）。

　　为积极响应国家乡村振兴战略，汇聚更多的乡村建设人才、强化乡村振兴人才支撑，加快推进实现农业农村现代化，浙江省宁海县依托作为全国"百强县"的经济基础及产业资源优势，以推行各种人才政策等方式，整合高校师生团队、设计师、艺术家等各方资源，面向宁海乡村发展的需求展开设计课题实践，取得了卓有成效的实践成果。

　　全国联合毕业设计行动正是在这样充满创新能量的地方开始酝酿。2021年8月，联合毕业设计和宁海联手，探索将联合毕设转化为助推乡村发展的新动力，在特色化、系统化的乡村建设实践中，创新乡村振兴人才模式、宁海样本。

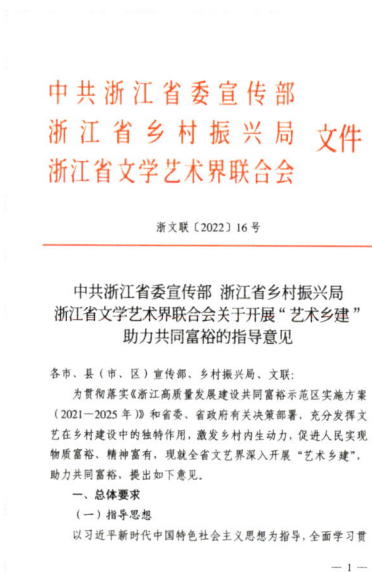

图1-10
《关于开展"艺术乡建"助力共同富裕的指导意见》文件节选

　　自2019年在本校跨专业联合推进毕业设计开始，联合毕业设计历经了5年探索，实施内容、方式在活动推进过程中不断更新、升级，跨院校联合（截止2024届）已进行到第三届（图1-11）。

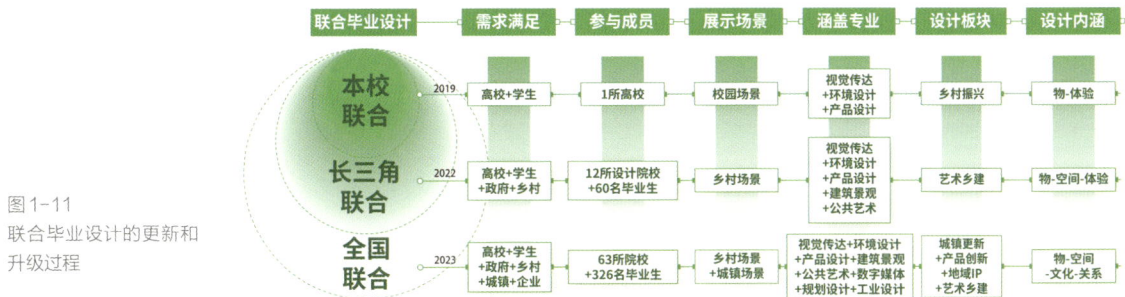

图 1-11
联合毕业设计的更新和
升级过程

2022长三角艺术振兴乡村高校毕业设计联合行动

　　2022长三角艺术振兴乡村高校毕业设计联合行动是联合教学活动的初次探索，主要邀请长三角12所高校的师生，针对乡村的环境提升、产业升级、文化传承等艺术乡建类命题推进毕业设计。

　　湖头村、下畈村是相邻的两个村，两村由名为"枫湖"的湖泊相连，是首届联合毕业设计的选题之地（图1-12）。它们位于宁海县西南、岔路镇东北部，距县城15公里，向东约一千米处为国家4A级旅游景点前童古镇，村庄所隶属的岔路镇是国家级重点镇、省级中心镇，并相继获得国家级生态镇、省级生态镇、省级卫生镇、省旅游强镇和省体育强镇等称号。2022年4月，浙江省农业农村厅、浙江省城乡风貌整治提升工作专班办公室公布了第二批未来乡村创建名单，岔路镇"湖头—下畈片区"入选。

图 1-12
枫湖

　　作为出题方之一的湖头村，是东晋道家学家、医学家葛洪后裔的最大聚居地之一。湖头村古称西洋（又称西阳），其历史可以追溯到晋代，建村已有1700年历史。村域面积3平方公里，全村共有560户，人口1580人，主要以葛姓为主，杨姓、王姓各不到20户（表1-1）。湖头村有学士坪葛洪炼丹遗址、西洋葛氏祠堂等众多葛洪文化遗存，是一个远近闻名的文化村落。在湖头村，处处充斥着葛洪养生元素，葛洪文化节至今已连续举办八届。每年的文化节，展现葛洪文化的抱朴茶会、养生论坛、葛洪养生步道健走等活动别出心裁。每到傍晚，都会看到钟情于养生的爷爷奶奶，在村子的健身广场练习葛洪养生术。图1-13为村中的葛洪文化纪念馆。

表1-1　湖头村基本信息档案（2022年）

村民户数：560户	村民人数：1580
人力资源信息	
熟练木工人数：100以上	熟练瓦工（泥水工）人数：200以上
熟练油漆工人数：10	雕刻兴趣人数：10
烹饪兴趣人数：6-7	
花木兴趣人数：1100左右	
物产信息	
村里的种植：茶叶、枇杷、水稻、蔬菜、土豆、玉米	
村里的养殖：鸡、鸭、猪、牛	
村里最具特色食品（好味道）：状元糕、麦饼、坠面、豆腐、番薯烧	

图1-13
村中的葛洪文化
纪念馆

　　除了运动养生外，湖头村的村民比较注重饮食养生。根据中医药食养原理、道家四时养生理念，每逢不同时节，村民都会推出不同菜品，经过多年来的精心创研，已经形成了以食养药养结合、注重烹饪和用餐流程的、体系完整的"葛洪养生宴"，如今，"千人共品养生宴"活动已成为当地的一大特色。在美食方面，除了养生宴之外，状元糕与麦饼也是湖头的特色。状元糕是宁海的传统美食，是糕点文化的代表，湖头村葛志旺更是将这种传统小吃做成了产业，并多次应邀参加县内各种节庆活动，赢得良好口碑。而湖头村的三夸阿姨是宁海县唯一五星级麦饼师，享有"宁海麦饼王"称号。三夸阿姨创办了"三夸"麦饼餐馆，餐馆除了供应传统宁海麦饼外，还有火龙果麦饼、南瓜麦饼、牛肉麦饼等特色麦饼等。此外还有湖头村还有坠面、豆腐、番薯烧等特色美食。

宁海素有"五匠之乡"（五匠：木匠、泥水、雕花、漆匠、石匠）之称，湖头村不仅以上工匠门类齐全，手艺匠人比比皆是，其宁海传统戏台建造技艺（省级非遗）更是声明远扬。在湖头村，有一群木作匠人，从事古戏台、古建筑修复和建造工作20余年，对古戏台和古建筑的保护、弘扬及传承工作作出突出贡献，远近闻名。作为团队主要负责人的葛招龙，是知名的"古戏台非遗传承人"，他组建的建筑修复专业团队，主持修缮了古戏台、古建筑群160余处。2022年，葛招龙凝练了各戏台的优良工艺及建筑特色，耗时5年创作的木雕作品《人生·戏台》，在第十五届中国民间文艺山花奖评选中突出重围，荣获优秀民间工艺美术作品奖（图1-14）。

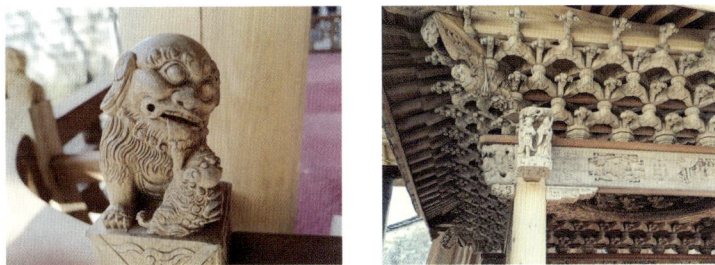

图1-14
葛招龙团队创作
的古戏台局部

相较湖头村来说，下畈村的村域面积较小。下畈村整个村庄面积为0.1平方公里，全村共有176户，508人。村内有百亩雷笋基地，山林385亩，盛产水稻、雷竹、茶叶等特产，下畈村先后获得过"浙江省村务公开民主管理示范村""宁波市级卫生村""宁波市村务公开民主管理示范村""浙江省文明村""浙江省卫生村""宁波市最洁美村庄""全国乡村治理示范村""浙江省美丽乡村特色精品村""全国民主法治示范村""全国文明村"等荣誉称号。

下畈村自然资源丰富，森林覆盖率高达22%，村中溪流穿行而过，村中的松树林笔直矗立，竹海葱郁，是典型的悠闲、舒适的田园村庄。在下畈村，有一颗五百余岁的古樟树，荫泽了一代又一代村民，凝聚了整个村子的精气神。不仅村民每天傍晚都会在村口的古樟树下乘凉、聊天、下棋，也吸引了一批批游客来此驻足观赏、拍照打卡，是村庄的一大标志景观。

在美食方面，最有名的莫属"艾草馒头"了。下畈村的周陈国因面点技艺精湛而远近闻名，被称为村里的"大师傅"。为了带动乡亲一起创业致富，村里近年来一直探索消耗频度高、适合常年销售的产品，艾草馒头因此成为选择对象。"大师傅"在继承传统技艺的过程中，不断创新、改进，暄软可口、美味清香的艾草馒头，不仅成为餐桌美食，同时也成为乡亲们"口口相传"的馈赠佳品。

近年来，下畈村以打造"宜居、宜业、宜游"的幸福美丽新家园为目标，探索推行"绩效党建＋美丽乡村建设"模式，依托古樟树、雷竹等自然资源，围绕"乡村记忆，童趣下畈"主题，将乡村游与亲子游相结合，精心策划，开发推出亲子研学一日游。

湖头村和下畈村优越的地理位置，秀美的自然风光，深厚的文化底蕴，优良淳朴的民风，各自拥有的独特物产、人文资源、人力资源，不仅构成了丰富多样选题的基础，给联合毕业设计搭建了最好的课堂、提供了最好的导师，乡亲们在长期生活生产实践中积累的民间智慧也成了最好的课题研究题材。

在对乡村资源进行梳理的基础上，首届联合毕业设计行动主要从文化传承、产业发展、生态宜居3个方面凝练了选题需求：

一是文化传承需求。广大农村蕴含丰富民间文化艺术，如乡规民约、家风、家训、"非遗"、手工技艺、民间传说、民间音乐、戏剧、歌谣等。对上述资源进行影像纪录、数字化转化存档、传播，通过文创设计转化为具体的产品或服务，并活态传承。

二是产业发展需求。首先，是存量业态的激活，比如对乡村美食、美物、手艺等品牌的发掘；其次，对文旅、文创等相关新型业态的培育，比如对于旅行线路、服务流程进行规划与可视化设计，对旅行、研学团队的培育等；再次，是对于乡村创客的扶持。

三是生态宜居需求。闲置空间、公共空间的利用，美学场景的营造、文化创意、庭院美化、舒适度等方面的需求。

依据乡村上述需求，结合发起高校设计专业的开设情况，从环境设计、视觉传达、文创产品设计、数字媒体等4个专业方向展开设计和应对：

一是环境设计方向。从村庄定位、空间节点、空间设计方面展开。从生态文明、乡土文化、乡村美学、可持续设计等视角，为乡村的社区更新、基础设施升级等方面提供更多养分。考虑休憩、体验、交流、售卖等功能需求，

发挥创新创意的能力，注重闲置空间再利用、再设计，打造与乡村特色和谐融洽的室外公共空间，在设计过程当中，首先考虑当地竹木、砂石等易用的乡土材料。

二是视觉传达方向。立足村庄规划策略、产业振兴的实际需求，对乡村公共品牌、乡村物产品牌、包装系统进行设计创作。力求使产品品牌内涵、视觉形象、用户认知度得到全面提升，为村民创业提供视觉传达设计的帮助。

三是文创产品设计方向。立足乡村民艺、民俗、农耕传统等乡土元素，进行文创产品设计创意，可结合时尚消费模式，充分体现地域文化与乡风文明内容。

四是数字媒体方向。围绕数字乡村建设内容，进行IP形象设计、APP界面设计、视频创作。1. IP形象设计，在品牌内涵、视觉设计、宣传推广等方面进行创作，需呈现整体IP打造方案。2. APP面设计，兼顾美学要素与实用功能。3. 视频创作。

首届联合毕业设计主要向长三角的三省一市发出毕业设计邀请，东华大学、华东理工大学、上海理工大学、上海工程技术大学、南京师范大学、江南大学、苏州科技大学、浙江工业大学、浙大宁波理工学院、合肥工业大学、安徽大学、安徽建筑大学作为首批联合发起的12所院校共同参与其中。

首届联合毕业设计从2021年8月份开始策划启动，到2022年6月在乡村的毕业答辩，以及7、8月在乡村开展落地转化实践，共持续一年时间。在这一年时间里，课程于乡村现场组织了1场毕业答辩，3场毕业设计作品展，2次教学研讨论坛。为村民提供了60本毕业论文、57套毕业设计作品，其中，部分成果的转化扶持了乡村创客13名，培育产业品牌5个。落地枫湖夜市、儿童乐园、阳光书屋三个空间节点。

2023 全国联合毕业设计

首届联合毕业设计取得积极成效及良好社会效应，在此基础之上，第二届联合毕业设计（2023全国联合毕业设计）扩大，扩大辐射范围、汲取运作经验，借助2023年高校本科、硕士、博士写毕业论文、做毕业设计的契机，吸引全国高校师生团队集聚宁海，开展毕业论文和毕业设计工作。2023全国联合毕业设计落地在宁海县西店镇，注重发挥宁海（宁波）产业集群发展、城乡基础设施建设的高质优势，面向乡镇建设、乡镇企业发展的创新需求，除了艺术乡建选题板块，增加工业设计、城镇更新、红色党建、地域IP赛道，并向全国高校发出邀请。

　　西店镇地处浙江东部沿海，是宁海北大门，东濒象山港，北邻奉化市，是知名的工业乡镇，产业基础雄厚，而且历史悠久、人文荟萃，依山傍海，风景秀丽，区位优越，交通便捷（图1-15）。西店镇陆域面积102.3平方公里，海域面积26.64平方公里。34省道、沈海高速（G15）、甬台温铁路贯穿全境，下辖22个行政村，户籍人口4.6万，总人口10万。西店镇山有竹木茶桑果之盛，海有鱼虾蟹贝藻之丰；生态旅游资源十分丰富，有国家级物质文化遗产崇兴庙，天然海岩港埠团堧码头，休闲胜地海中双屿石孔双山；有荣获中国民族建筑事业杰出贡献奖的全国和谐寺观广德禅寺、省内首家度假旅游综合体——邬家庄园；有家用电器、文教用品、金属制品、汽车部件、模具制造等五大主导产业。

图1-15
宁海县西店镇风景
（摄影/尤才彬）

　　西店镇的工业产业以加工制造业为主，以文旅带动乡村的发展是近年来西店在乡村振兴建设方面的诉求。西店镇的出题方，主要是西店镇镇区、岭口村、吴山村、团堧村、王家村等4个村庄，以及有创新需求的企业，如宁波腾浩电子有限公司、宁波协生照明工业有限责任公司、宁波威涛电器有限公司、宁波双统电器有限公司、宁波兴达文具用品有限公司、宁波千千秀日用品有限公司、宁波优和办公文具有限公司。

从出题方的资源特色和需求梳理来看，西店镇的主要特色有手电筒之乡、牡蛎之乡地域IP，西店蛋炒饭地域美食，山海景观风貌等，因此对一、二、三产业融合发展的需求较为强烈。岭口村是浙东文学师表、南宋进士舒岳祥故里，近年来致力以宋韵为主题切入打造文旅村庄；吴山村的农场综合体是党建联建示范基地，其需求是在原有基础上建设升级；团堧村、王家村风景秀美，其需求涉及闲置、公共空间的改造。在企业方面，腾浩以户外露营场景的产品创新为优势；威涛、双统均对灯具创新有所需求，协生不仅在照明灯具产业方面见长，也希望在消杀产品方面有创新和突破；兴达、优和则分别在刀具、卡牌等文具细分领域是佼佼者；千千秀以日用产品创新为主。

设计学科的专业应用中，环境设计、产品设计、视觉传达设计、数字媒体艺术等相关专业，恰好可以应对地方城乡发展过程中的各种需求。比如，在针对城镇发展方面，基于地域特色资源、区域规划，以地域IP设计、街区更新，可以塑造城镇新的品牌形象和风貌；在企业创新方面，面向产品结构创新、优势产品改良等方面，以设计提案，为企业品牌、产品价值增益，提升企业的竞争壁垒；在乡村建设方面，立足乡村文化传承、环境提升、产业升级的需求，打造文旅新业态、建设和美乡村等。2023年全国联合毕业设计通过选题梳理和凝练，形成了艺术乡建、城镇更新、红色党建、产业创新、地域IP 5个不同的选题方向和18个项目组别(图1-16，表1-2)。

图1-16
2023联合毕业设计
选题板块

表1-2 毕业设计项目清单简表

选题方向	项目需求	特色优势资源	命题单位	项目组	专业或研究方向分布
艺术乡建	人居环境提升、文旅产业发展、人文关怀与社会治理	宋韵文化、老村、公共空间、闲置空间、名人舒岳祥	岭口村	整村规划改造、乡村庭院改造、公共空间改造	不限
				研学精品线规划与设计	
				文旅品牌传播设计、文创与IP	
				数字夜游场景设计	
				适老化设计	
		闲置、公共空间	王家村	康养休闲景观设施设计、公共空间改造	环境设计、建筑学
			团堧村		
城镇更新	生活品质提升、功能空间优化、人文关怀与社会治理	14公里海岸线	西店镇	城镇更新（滨海景观设计、城镇书吧设计、便民服务设计）	规划设计、环境设计、服务设计
		闲置、公共空间			
		微型消防站、租客中心			
红色党建	党建联建、红色纪念	共富农场、党建精品线	吴山村	红色党建（公共景观、装置设计、室内设计）	规划设计、环境设计、公共艺术
产业创新	优势产品创新	照明产品	协生照明	照明产品创新（一）	工业设计、产品设计
			威涛电器	照明产品创新（二）	
			双统电器	照明产品创新（三）	
		户外产品	腾浩电子	户外露营产品创新	
		消杀产品	"多一点"生活	消杀系列产品创新	
		办公产品	伟书文具	文具办公产品创新	
		日用产品	千千秀	日用系列产品创新	
地域IP	一二三产融合、文旅产业发展、优势产品创新	手电筒之乡、牡蛎之乡、西店蛋炒饭、山海景观等	西店镇	城镇文创与IP设计	广告学、产品设计、视觉传达设计、数字媒体艺术
		名人方孝孺	优和文具	文具创新设计	
		十里红妆、泥金彩漆、宁海古戏台等非遗项目	腾浩电子	时尚包装创新	

2023全国联合毕业设计，由上海交通大学、同济大学、东南大学、江南大学、东华大学、南京师范大学、苏州科技大学、东华理工大学、上海理工大学、上海工程技术大学、浙江工业大学、浙大宁波理工学院、合肥工业大学、安徽大学、安徽建筑大学、江苏师范大学、上海第二工业大学、西安建筑科技大学、湖北工业大学、昆明理工大学、武汉纺织大学、华东师范大学、内蒙古农业大学、西安大学、福建工程学院、西北师范大学、南京艺术学院、南京工业大学、南京林业大学、山东财经大学、广州大学、百色学院、合肥学院、安徽工程大学、河北科技大学、北京联合大学、宣化科技职业学院、集宁师范学院、河北建筑工程学院、浙江传媒学院、湖南工学院、中原工学院、郑州科技学院、武昌首义学院、青岛大学、广东建设职业技术学院、淮阴工学院等63所不同区域、不同学科专业优势的院校联合发起。

在行动执行方面，为保证行动的质量，行动全过程得到严格管理，开展毕设工作坊、开春路演、中期答辩、毕设答辩、毕设大展等系列子活动33项；教学成果方面，最终提交毕业论文141篇，设计方案210套，11件作品与企业、乡镇进行落地签约。

第二章

开放实践：走向平台的课程

如果一门课程成为一个平台，必须进行系统设计，以促使、借助学生有组织地活动，来获取和整合不同的知识来源，以达到行动的目的。联合毕业设计中的"联合"，本质上是建立起一个协作的平台，是对于"教"与"学"资源的协调与整合。联合毕业设计课程是以社会服务为导向，将产业与教育密切结合，相互支持、相互促进。通过对设计教育、社会资源的优化配置，创设基于实践情境的教学情境，回应社会、经济、文化发展建设中的具体需求和问题。

第一节
协作的基础

一般情况下，各个高校的毕业设计，是结合选题、开题、中检、论文答辩、作品展览等各个环节进行的过程管理。然而，各个教学环节按照时间节点分开来看，教学过程只是以线性的、机械的方式对项目推进的进度和内容检查，各个环节的任务模块缺乏与实际情境的有机融合。

在具体的实践中，联合毕业设计项目化的方式可以创设基于真实实践课题教学情境的平台，对原本教学中相对离散的工作任务模块整体关联，让学生以项目协作的形式，在完成毕业设计过程中切身感受实践项目的系统设计流程。

项目任务

对于"虚拟选题"，课题的需求和任务过于模糊和概念化，将难以把课题做"真"做"实"。联合毕业设计以"真题真做"为导向，课程团队通过调研凝练现实生活中的真实需求，整理发布，形成任务清单。

调研过程主要分为4个步骤：①分类整合项目材料，结合不同选题方向具体项目的需求，收集、整理地方志、书籍、文章、工程图纸等；②通过视频、图片、文字等方式进行记录以供分析的项目基础资料；③通过对资料的分析，并与地方的多次协商、确认，设定课题研究的任务和目标。④将选题通过公众号、微信群等方式发布，提供给师生进行选择（表2-1）。

表2-1　选题调研计划表示例

调研时间：2023.9.16-9.17 调研任务：1）确定选题题目；2）明确选题地点、设计要求等；3）拍摄现状照片，测量空间尺寸，获取题目相关的基础图文资料（详见表1-2）。 调研人员：					
调研时间	赛道	调研单位		拟选题方向	协同方
9.16上午 9：00-12：30	艺术乡建	一市镇	箬岙村	箬岙三宝品牌设计/包装设计/广告策划等	
				18间庭院改造	
		前岙村		乡村空间美学（如村域导视系统设计等）	

9.16下午 13：00-17：00	文旅 开发	前童古镇	服务于古镇文旅的小学旧址改造规划	
			前童IP文创产品开发	
			服务于前童文旅的创意广告策划	
			服务于古镇新业态的空间设计/运营策划等	
9.17 上午 9：00-12：30	城镇 更新	城投集团	南文化视觉系统设计	
9.17 下午 13：00-17：00	产业 升级	西店镇	腾浩	工业产品设计	
			协生		

对于项目任务的确定，注意遵循的原则是：需求必须合理、真实且有价值，具有一定的探索意义，尤其注重要求设计专业能够在其中能够发挥积极效用。在这一阶段，最好能够明确：（1）什么是重要的、为什么重要？（2）做什么和不做什么？（3）需要改进以及细化的内容是什么？通过这三个要点，对于任务边界条件界定，便于后续各个参与主体的相互协作和推进（表2-2）。

表2-2　联合毕业设计出题单

出题方：＿＿＿＿＿＿＿＿＿＿＿＿＿＿＿＿＿＿＿＿＿＿＿＿＿＿＿＿＿＿

出题方简介：代表照片、文字介绍等基础资料

| 出题方向/对应专业方向： |
| 具体需求陈述：当前面临的棘手问题、希望获取何种支持、对呈现效果的要求等。以上可发展为"毕设选题"的需求，其成果产出均在次年6月之后，早于该期限将不具备发展为"毕设选题"的条件 |
| 确定选题题目： |
| 题目资料：现场照片、场地平面图、CAD图、现有标志、文字资料等 |

项目团队

　　联合毕业设计的课程平台中，通过前期对需求清单梳理，根据不同的方向，将不同类型的具体项目分类管理，组成不同项目组。项目团队的建立有助于师生的协作和互动。各个团队以项目组展开项目式协作，将学习任务与学习者的专业技能和实践经验，在互动、分享、反馈的过程中建立起联系。

　　在项目组内，以导师联合与学生联合，分别组成的教学导师团队和项目协作攻关团队。导师来自高校和地方两个方面，包括不同地域、不同学科特色的高校导师，与地方的企业家、村民、基层领导。参与联合毕业设计的学生，涉及建筑学、工业设计、产品设计、环境设计、视觉传达设计、数字媒体艺术等多专业个方向，不同院校、不同专业的面向相同的选题组成项目团队。

课程记录：联合导师研讨会

　　时间：2022年1月8日19：30—21：00
　　地点：浙江省宁海县西店镇的村庄和企业、线上云课堂
　　主题："开春行动·联合导师研讨会"

　　2023年1月8日19:30—21:00，邀请各大联合发起高校老师，"开春行动·联合导师研讨会"在腾讯会议顺利举办，对即将启动的2023"开春行动"进行直播探讨、交流，对项目的执行流程进行了详细说明（图2-1）。

图2-1
联合导师闭门会
截屏

第二节
毕设选题
发布

联合毕业设计的课题均来源于地方实际需求，企业导师、高校导师、乡村导师共同发布课题。通过答疑等形式，一方面增进了师生对于课题的理解；另一方面可将地方和高校进一步对接。

课程记录（一）：选题首发仪式

时间：2022年11月2日

地点：浙江省宁海县西店镇

主题：2023全国联合毕业设计选题首发暨长三角MFA联合毕业设计基地揭牌仪式

11月2日，2023全国联合毕业设计选题首发暨长三角MFA联合毕业设计基地揭牌仪式在浙江宁海西店镇举行。来自东华大学、上海交通大学、江南大学、上海师范大学、浙江工业大学、浙江万里学院等全国30多所高校的150余名艺术类院系师生，在线下和"云端"共襄盛况。

活动现场，领导、嘉宾致辞，对活动表达期许并致以谢意（图2-2）。村民、企业家和高校教授一起为首批选题揭幕，城镇系统创新、电器产业升级、文创IP开发、艺术振兴乡村4大类立足社会创新设计、适老化设计、乡村研学、营销传播等视角的70个毕业设计选题正式发布。

宁海县委宣传部徐旭东部长、东华大学冯信群教授、宁海县委组织部郭玉喜副部长、宁海县西店镇仇昌兴镇长共同为"长三角MFA联合毕业设计基地"揭牌（图2-3）。

徐旭东
宁海县委常委、宣传部部长

"联合毕业设计"行动，是以深化校地合作模式，学习贯彻党的二十大精神的一次生动实践。

全国一流院校教授和学生团队开题设计，特别是教授们坐镇指导，我们对本次活动充满信心、满怀期待！

仇昌兴
宁海县西店镇镇长

欢迎全国青年才俊来宁海西店实现你们的专业价值和青春理想，西店的城乡和企业，会为你们搭建实习、就业、创业的各种舞台！

我们一起围绕把宁海西店建设为"中国毕设基地"、"中国毕设之城"的目标，打造宁海西店的创新模式和名片。

冯信群
上海艺瑞委副主任委员、秘书长
东华大学教授、博士生导师

以产教研融合的形式推进联合毕业设计具有创新性、先导性，这对于推动设计教育的发展和改革来说，将引发更多的讨论、思考和实践。

希望"2023联合毕业设计"取得圆满成功，打响"做毕设，来宁海"的口号，向"世界毕设之城"迈进，让宁海创意、创新、创业的光芒走向世界。

陈庆军
东华大学教授、博士生导师

联合毕业设计鼓励青年大学生在祖国大地选题，施展拳脚、建功立业，充分体现了把"立德树人"作为教育的根本任务的综合教育理念。

联合毕设是我们非常重要的一次探索，我们有村民导师、企业导师、有乡村的手工艺人，怎么样把我们中国的故事讲好，离不开我们的联合导师。

图2-2
领导、嘉宾致辞

图2-3
"长三角MFA联合毕业设计基地"揭牌

"毕业设计、毕业论文，联合起来……共同富裕，强国有我，青年力量，届届相传，声生不息！"20名青年学生代表齐声宣读联合毕设西店宣言，将联合毕业设计选题的首发仪式推向高潮（图2-4）。

图2-4
青年学生代表齐声宣读联合毕设西店宣言

活动结束后，师生们纷纷进入乡村、企业、城镇社区踏勘调研、对选题点位进行初步了解，争"抢"选题（图2-5）。

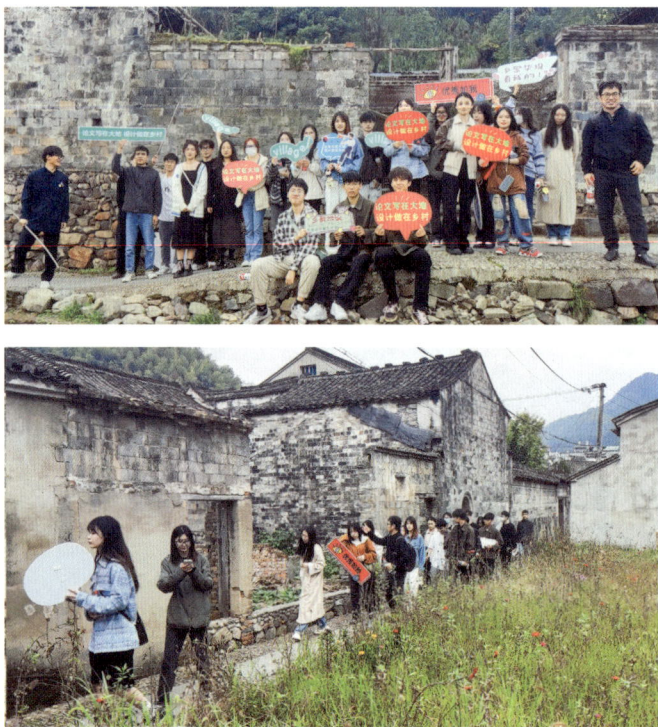

图2-5
师生在岭口村的调研选题场景

课程记录（二）：新选题发布与答疑

时间：2022年11月30日—12月2日

地点：浙江省宁海县西店镇的村庄和企业、线上云课堂

主题：2023全国联合毕业设计选题大讲堂

活动过程中，地方和高校双方的合作持续磨合，拓展新的选题方向，并不断优化和细化课题内容。在11月30日到12月2日，联合毕业设计组委会分别深入到乡村现场、企业车间，邀请村书记、企业家、高校教授对选题进行直播解读。

毕设 x 企业（一）

活动首先发布了协生照明的新选题，选题内容如下：

新发布选题：协生照明，网页界面UI更新设计

要求：店铺、详情页等的视觉整体更新，提升店铺的点击率。

宁海县锐豹电子有限公司总经理毛斌围绕照明产品、小家电板块选题进行解读，并对公司现有多功能手电筒在不同场景下的使用进行演示（图2-6，图2-7）。

图2-6　企业导师毛斌　　　　图2-7　协生选题直播截屏

问答环节

Q：请问我们会和企业的设计师进行合作吗？

A：会的。我们会针对选中选题的同学建群，同学负责外观，企业设计师负责内部结构的完善，一起合作完成项目。

Q：特定情境的手电设计主要关注哪些情景？

A：消防安全类（加油站、消防特定情况、消防救援、紧急搜救）、居家日用类（把多种工具合一，更简洁，便于存放）、国家单位类（储备物资、照明物质、光的穿透力、防水、光的聚拢性），希望在产品在满足基本功能基础上，增加不同场景下的新特点。

Q：手电筒产品对造型设计方面有限定要求吗？

A：没有具体限定要求。希望在满足基本功能前提下，能够在造型上有新的亮点。比如手电筒与充电宝是否可以合二为一。

Q：产品设计必须要去企业吗？

A：疫情影响可能会带来不便。我们还是非常欢迎同学们能来企业参观，了解一个产品如何从基础配件到最终的成品，对产品的全过程了解后，可能会给设计带来新的灵感。

Q：网页界面设计需要什么样的风格？

A：最根本的目的是促进成交促销售，引导客户点击，让消费者愿意去购买产品。风格不限定，但是要有B端的思维，考虑到B端买家希望看到的内容（比如我买你的产品，我能不能去赚钱）要讲清楚产品的特点、售后保障等。

Q：是否还有其他关于视传的选题？

A：鼓励不同院校、不同专业之间相互协作。比如产品专业的同学设计产品造型，视传专业的同学可以去做一些品牌与传播，大家联合起来完成作品。

Q：消杀产品主要针对哪些产品进行设计？

A：目前迫切需要的是超声波杀菌清洗机，比如眼镜、贵金属等超声波震动的这一类机器。希望外观上符合年轻人的消费审美。另外还有与大牌合作的电动修眉器、修脚器等产品需要设计。

Q：除了刚刚提到的一些消杀产品，可不可以做一些其他的产品？

A：欢迎有一些好的设计想法，可以从一个消费者角度去洞察设计需求。

毕设 x 企业（二）

　　活动首先发布了腾浩电子的新选题，并对选题的要求进行解读：

　　新发布选题：基于户外生活方式的产品创新设计

　　要求：结合户外露营、野炊、写生、摄影、采风等场景的需求，创新设计户外系列产品。

　　宁波腾浩电子有限公司总经理孙亮展示了目前公司开发的户外产品，重点介绍了多功能折叠凳、桌，提出在现有产品的基础上实现产品创新研发的相关思路，并向广大即将毕业的学子发出了选题邀请（图2-8，图2-9）。

图2-8　企业导师孙亮　　　　　　图2-9　腾浩选题直播现场

A Q 问答环节

Q：孙总，腾浩招聘实习生吗？
A：欢迎设计类的大学生朋友，实习内容可跟毕业设计相结合。

Q：多功能折叠产品只能是折叠凳子和桌子吗？
A：可以做相关产品的衍生设计。比如收纳箱之类，我们鼓励多元的创意。

Q：腾浩需要品牌设计吗？
A：非常需要。已在起步阶段，我们与央视合作就是希望进行品牌的提升。

Q：包装是只针对凳子吗？
A：椅子的包装、套装的包装，还有双肩包设计。

毕设×乡建

　　西店镇岭口村党支部书记舒迎春结合村庄自身发展提出针对乡村未来的十余个选题。并发布了此次活动的新增选题：

　　新发布选题：农作物科普（劳动教育）研学基地规划设计

　　要求：面向青少年研学群体，针对闲置地，合理规划设计研学基地，包含国学内容

　　舒书记介绍了岭口村背景、岭口村的"六和"文化、舒岳祥文化，并提出岭口村未来的畅想：希望本次毕设能够以"党建"为引领，在保留岭口村原有的乡土气息的前提下又融入现代元素。经过改造后的岭口村既让老年人安居、乐居、美居，又能令年轻人流连忘返（图2-10，图2-11）。

图2-10　乡村导师舒迎春书记　　　　图2-11　选题直播现场

Q A 问答环节

Q：请问我们会和企业的设计师进行合作吗？

A：会的。我们会针对选中选题的同学建群，同学负责外观，企业设计师负责内部结构的完善，一起合作完成项目。

Q：请问对岭口村游戏选题的作品有什么要求？应该达到什么样的目的和意义？

A：选题相对开放，同学们可以充分发挥想象力和创造力，整体风格体现宋韵、体验感强即可。

Q：岭口村有什么特别、历史悠久的特色物产吗？

A：同学们在针对物产创作的时候，可以不局限岭口村，番薯、花生、玉米等农产，以及牡蛎、海鸭蛋等水产都可以是设计对象。

Q：可以把宋韵文化融入农作研学基地吗？

A：可以的，实际上在舒岳祥诗句里就有关于劳作的内容。

Q：岭口村的适老化设计有什么要求吗？可以做产品吗？

A：没有要求，能够提升老年群体的幸福感、安全感、获得感的作品均可，不限于智能硬件设计、公共设施设计等。

第三节
宣讲与解读

由于各个高校的毕业设计教学方式各有不同，联合教学需要建立在共识的基础之上。开展联合教学之前，联合教学需要做好一系列前期准备工作，为后续的课程教学推进奠定基础。

课程宣讲的意义一是宣传、推广联合毕业设计的教学方式和理念，招募师生团队；二是在答疑和互动的过程中了解师生更进一步的教学和学习需求，不断完善联合毕业课程内容的设计。

课程记录：2023首场宣讲

时间：2022年11月21日
地点：线上云课堂
主题：2023全国联合毕业设计首场宣讲暨答疑活动

首场宣讲，首先对2022年的活动进行回顾、2023年的活动介绍。联合毕业设计紧扣产业链布局人才链，参与师生团队从不同学科、专业视角出发"答题"。与2022年相比，2023年的活动从本科层次向硕士、博士等多个学历层次延伸，并提供资助福利、毕设培优计划、成长计划等一系列的福利和惊喜。

在答疑环节，来自全国各地的高校师生就选题方向、资料搜集方式、参与师生范围、毕设成果落地转化等各自关心的问题进行询问，聊天界面被各大高校师生的"谢谢"刷屏。

首场宣讲暨答疑活动取得圆满成功。活动开讲三分钟，腾讯会议室便已经人员爆满，火热程度远远超过了预估。活动盛况得到人民日报、凤凰新闻、浙江新闻等多方媒体的关注和报道（图2-12）。

2023全国联合毕业设计首场宣讲火热开讲

人民日报 有品质的新闻　打开

2023全国联合毕业设计首场宣讲火热开讲

江南游报
16小时前·集新闻、旅游、文化、生活、休...　＋关注

江南游报融媒体11月21日宁波电（记者 陈冲 通讯员 方景霞 蒋攀 编辑 江南）"研一的学生可以参加吗""限制专业吗""开题路演要交开题报告吗"......你以为这是学校毕业设计答疑会？不！这是在线上举行的2023全国联合毕业设计首场宣讲暨答疑活动。来自全国高校的师生一度挤爆线上会议室，期待在宁海实现"论文写在大地·设计做在城乡"。

开讲3分钟，人数爆满！2023全国联...

凤凰新闻 就要不同　立即打开

开讲3分钟，人数爆满！2023全国联合毕业设计首场宣讲火热开讲

凤凰网宁波
11/21 21:11 凤凰网宁波频道，每天向您传播宁波最新最快新...

"研一的学生可以参加吗""限制专业吗""开题路演要交开题报告吗"......你以为这是学校毕业设计答疑会？不！这是在线上举行的2023全国联合毕业设计首场宣讲暨答疑活动。来自全国高校的师生一度挤爆线上会议室，期待在宁海实现"论文写在大地·设计做在城乡"。

图2-12
首场课程宣讲
媒体报道

问答环节

Q：因疫情等因素，不能到达现场调研，组委会可以提供更多资料和协助对接吗？
A：选题完成后，组委会将统一安排专人以院校为单位进行对接，并提供更多相应选题资料（企业命题需签订保密协议）。

Q：我是研究生，但是我是2024年毕业，今年开题，可以参加吗？
A：凡是在校生，都欢迎以联合毕业设计的命题为方向进行毕业设计创作、毕业论文撰写，学历层次不限。

Q：报名选择的是"个人"，选题后，"个人"与"团队"有何区别？
A：部分学校是以团队合作的形式完成毕业设计，如果是以"个人"完成，选择"个人"即可。

第三章

平台共享：
教学与实践
的联合

　　传统的毕业设计课程中，单一专业背景的毕业设计在教学和实践方面缺少真实的项目环境，在教学过程之中，难以将毕业设计融入城乡、企业、社区等真实场景，更不谈在校际、专业之间进行各种交流和互动。

　　联合教学是联合毕业设计教学的特色之一。在过去的两届联合毕业设计中，不同院校的师生们针对同一个议题展开讨论和争辩似乎已司空见惯，一次次的联合研讨与碰撞，总能够碰撞出异样的合作机会与创意火花。

　　为促进产教、教研、校地交流与融合，联合毕业设计以联合调研、联合路演、融合论坛等方式展开联合教学与实践，各方在深度的互动过程中形成协作共识。

联合毕业设计鼓励师生根据项目清单材料初步确定选题后，到线下在地调研（图3-1）。每年联合毕设选题发布后，师生根据初步选题意向，进驻企业、乡村、街区等选题现场，对现场的尺寸、环境等进行感知和记录测量，与村民、企业家面对面对话，联合导师在现场进行指导，共同交流、探讨和推进。

图3-1
安徽建筑大学师生团队于宁海县下畈村调研

课程记录：2023全国联合毕业设计调研

时间：2023年2月5日—2月10日

地点：浙江省宁海县西店镇的街区、乡村、企业

主题："开春行动·联合调研"

参与形式：高校师生组成联合调研团队，深入街区、乡村、企业等调研选题资料等。

枯枝抽绿，大地复苏。全国联合毕业设计的师生们，早已按捺不住奋进的脚步。二月刚刚开启，他们便拿起画笔与稿纸，奔赴宁海西店，走进乡村、走进企业，与乡村导师、企业导师们交流起了毕业设计方案。

岭口村迎来了开春以来第一波大规模的调研，师生团队们走访了村庄主河道两岸、老村、篆畦园、祠堂等村庄特色景点，为毕设方案积攒素材。

交流现场更是热火朝天，同学将村书记舒迎春围在中间，轮番上阵与书记探讨自己的设计思路与设计草稿，针对毕业设计选题中遇到的问题向舒书记求教。舒书记是一位"宝藏书记"，思路清晰，点子多多，对于学生们的问题一一做出详细解答。

东华大学陈思宇的舒岳祥诗画IP设计获得舒书记的肯定："舒岳祥的诗有800多首，我建议你按照你的设计思路都做出来，我们放在村子里篆畦园的电子屏内，游客、村里的老师小孩都可以来翻阅欣赏。"趁热打铁，陈思宇计划接下来几天快速绘制出设计初稿，再与舒书记交流推进。西北师范大学的杨泽宇同学也十分欢喜，"舒书记很认可我的立体书设计想法，他还建议我把六合文化融合进故事里，更加丰富了我设计方案的内容"（图3-2）。

图3-2
师生和岭口村负责人
探讨设计方案

沈琼师生团队一行六人与威涛电器负责人张晓康线下"会师"成功。年前，组委会组织的线上威涛毕业工作坊交流会上，张晓康便对沈琼老师门下学生的设计思考很感兴趣。见面交流时间宝贵，学生们十分珍惜，针对企业对各类灯具产品的定位、产品创新理念、创新制作流程等与张总深入沟通。随后，在产品生产厂房与样品展示馆的参观中，学生们深入观摩了生产流程，近距离体验产品实际效果。面对沈琼老师提出的学生实习想法，张总表示欢迎："你们尽管来，我们有员工宿舍，一定为大家安排妥当。"

"哇哦，原来是这样""哇……"西店镇协生照明公司的生产车间中传来学生们的阵阵感叹。学子们在灯具制作车间中调研学习，铝材部件生产线、产品流水组装线、产品震动模拟测试房，每一部分的考察交流，对学生们弥补设计盲点、完整设计思路具有积极意义。在此过程中，协生照明的技术总监张日良鼓励同学到现场进行工作体验，"心动不如行动，欢迎同学们来车间实习，只有充分了解了一样东西才会产生兴趣，产生了兴趣才能更好地转化吸收"。张日良总监认为同学身上的朝气是社会进步的主要力量，对全国联合毕业设计活动带来的社会价值给予了充分的肯定。

"这几天我们跑了三家西店蛋炒饭的店，吃了不下十碗蛋炒饭了。"东华大学的褚洁滢和广州大学的腾跃相视一笑。两位同学的毕业设计选题方向都是西店蛋炒饭品牌设计策划，她们在联合毕设开春行动中相识，一位来自上海，一位来自山东青岛，交流起来却异常投机，很快成为学习伙伴。阿小蛋炒饭和老太婆蛋炒饭是两人调研频度较高的两家，每天结伴早早来到店内，和老板娘聊开店的经历、炒饭的技巧、经营的趣事，从一个个有关蛋炒饭的故事中发掘品牌设计的亮点。

2023全国联合毕业设计调研，媒体侧记（节选）：

开学啦，数百名高校学生来宁海小镇报到

记者 孙吉晶 通讯员 袁诗群 蒋攀 文/摄

图3-3
高校师生团队走访
村庄

新学期开学在即，这几天，国内近70所高校的数百名学生不去各自学校报到，而是从天南地北朝着同一个目的地——浙江小县城宁海汇集，他们为啥而来（图3-3）？

2月8日，就读于上海理工大学的章雯喻同学从武汉来到宁海西店镇。据章雯喻介绍，此行来到西店镇，是为了参加全国联合毕业设计的"开春行动"。安顿下来后，她深入西店岭口村，通过和村书记的交流，获取到第一手的村庄需求信息。她还加入岭口村的"光影艺术毕设工作坊"，和专家、教授讨论设计意向，明确后续设计方案的推进方向。

东华大学机械工程学院副教授沈琼表示，开春行动是校企双方迈出产教融合的第一步，期待与西店企业的合作。此次走访调研了多家公司，同学们对照明产品的技术研发、设计管理、生产工艺等有了系统性的了解和掌握，企业家们可贵的创业精神和创新热情，也激发了同学们对毕业设计工作的热情、信心（图3-4）。

图3-4
高校师生在企业调研

　　据介绍，"开春行动"是全国联合毕业设计路演活动的预热。春节之前，主办方通过线上"工作坊"的形式，在西店镇与全国的高校师生进行连线。今年还没开学，就已经有高校师生主动要求到实地参加活动。

　　截至今天（2月12日），已经有东华大学、江南大学、南京林业大学、上海理工大学、西北师范大学、湖北工业大学、广州大学等10余所高校师生参与线下工作坊和调研。

　　"这样的活动非常有意义，以前我们要跑到高校去找人才，现在将企业和高校链接起来，同学们通过联合毕业设计主动进入到企业，这种校企合作的形式，不管是对企业、还是高校都大有裨益。"宁波威涛电子有限公司负责人张晓康在和师生们交流后表示。

　　岭口村党总支书记舒迎春同样看好联合毕业设计行动。"大学生的毕业设计充满活力、创意、新意，这些恰恰是我们村庄发展所需要的，通过与同学们交流想法，我们已经发现了一些可以落地的方案。"

第二节
联合路演

联合路演是学生在毕业设计开题阶段，对课题或项目的初步研究和实验进行路演汇报，通常包括学生的演示、问答环节和讨论。不同于高校导师对毕业设计方案的单方面评价，联合路演是企业导师、乡村导师、高校导师，共同对方案进行评估和论证，讨论和确定毕业设计的研究方向、问题陈述、研究方法、计划和预期成果等关键要素。联合路演是综合能力的展示和演练的过程。

联合路演的意义一是在路演的过程中可以多维度检查研究的必要性、可行性和科学性，并确定是否需要进行深入研究；二是可以评估学生的课题研究和实践能力，从而进行针对性指导；三是学生路演过程实际上是进入职场之前的提前训练，通过路演的训练可以提高其沟通和表达能力，学会处理提问和挑战，实现综合能力的训练和提升。

课程记录（一）：2022开题仪式

时间：2022年2月27日

地点：浙江省宁海县岔路镇湖头村、下畈村

主题："乡聚毕设——2022长三角艺术振兴乡村高校毕业设计联合行动"开题仪式

为响应新时代国家战略发展，充分发挥长三角设计类院校的专业优势，用青春的力量来推动乡村振兴，"乡聚毕设——2022长三角艺术振兴乡村高校设计联合行动"正式启动。

此次毕业设计联合行动落地宁海县岔路镇湖头村、下畈村，集结江浙沪皖东华大学、江南大学、南京师范大学、华东理工大学等12所设计院校师生团队，立足于宁海县岔路镇湖头村的产业振兴、文化传承等实际需求，就凝练的60个毕业设计选题作了开题发布。

启动仪式当天，长三角设计类高校乡村振兴青年设计师人才实践基地、长三角艺术振兴乡村高校毕业设计联合行动实践基地先后揭牌（图3-5）。

图3-5
"乡聚毕设"开题
（启动）仪式

开题路演媒体侧记（节选）：

"我将把当地特色元素融入设计当中，希望完成后能与当地的自然风貌和谐共处，带来更多的生机和活力"，华东理工大学汪舒心说。

"我将聚焦于老年人生理需求与心理需求，回应当前适老设计议题，希望我们的设计可以成为唤醒乡村的力量"，浙江工业大学郑宇辛说。

"乡村是我们设计的起点，我希望我的建筑能用得到、留得住"，浙大宁波理工学院周宇轩说。

"我的毕业设计是一款桌游文创品，将湖头村养生文化编入游戏，好玩，好记，好传播……"2月27日，东华大学视觉传达设计专业大四学生李儒涵，就站在宁波宁海县岔路镇湖头村文化礼堂前，做毕业设计的开题报告。

李儒涵的灵感来自她脚下的土地，湖头村已有1700年历史，是葛洪后裔聚居村，1500多名村民中，99%姓葛，湖头村后的大洪山学土坪一带，今天还保留着祖上葛洪结庐炼丹的遗迹和祭祀供奉的场所。她说："养生文化结合年轻群众较易接受的桌游类产品，用年轻化的语言讲述中国传统文化，很有意思！"

而更令李儒涵兴奋的是，湖头村也对她的设计充满期待，已经预定她的设计作为小村主打文创品。"没想到，我的毕业设计可以直接用在乡村大地上，比起以前凭空去做设计，更有成就感！"

"在这次触摸乡土的调研中，我选择了村里具有100多年历史的庭院进行空间设计。如何继承这个传统建筑的乡土精神、活化村民的集体记忆，并体现乡村振兴中的文化振兴、产业振兴，是我此次毕业设计要探索回应的主要问题。"安徽建筑大学的何红如是说。

课程记录（二）：2023开春路演

时间：2023年2月18日

地点：浙江省宁海县西店镇新城广场

主题：2023全国联合毕业设计"开春路演"暨校地融合系列活动

本次活动包含2023届高校毕业生代表开春路演、联合毕业设计首席导师聘任、基地揭牌仪式、高峰学术论坛等多项内容。全国60多所院校的400余名师生在线下、线上共同参与，来自东华大学、上海交通大学、东南大学、江南大学、昆明理工大学等20多名参加联合毕业设计的学生代表，围绕艺术乡建、产业创新、红色党建、区域IP、城镇更新等不同的选题内容，开展了别开生面的开题答辩，当地村民、企业家和高校指导老师一起共同提问、指导（图3-6）。

图3-6
开春路演活动现场

在路演现场，来自各大高校的学生代表依次上台，进行了开题报告分享，其中包括关注文化挖掘的《地域文化视角下的滨海景观设计》和《宋韵元素在诗路文化IP化的表现》、关注产业振兴的《手电筒之乡IP打造》和《西店蛋炒饭品牌设计及相关文创设计》、关注城乡基础设施更新和建设的《岭口村公共空间改造设计》和《文化驿站城镇书吧》等一批构思大胆、创意十足的选题（图3-7，图3-8）。

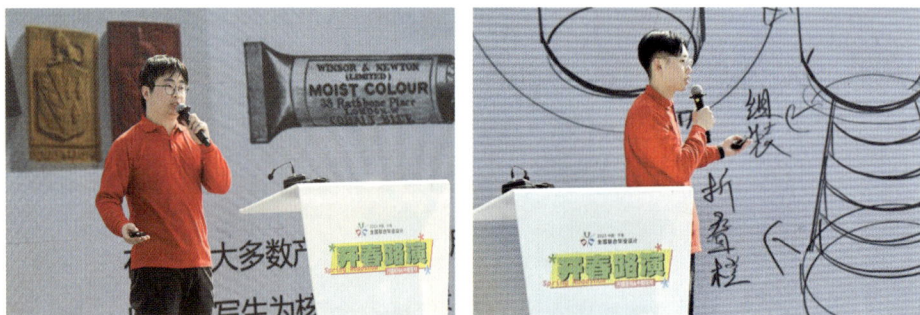

图3-7（左图）
东南大学李为航同学
正在现场路演
图3-8（右图）
昆明理工大学景梓轲
同学正在现场路演

　　现场还用展板、文本等多种形式展示了开题报告内容，乡村导师、企业导师进行翻阅指导，高校师生纷纷表示这样的活动对毕业生来说非常有意义，并在展览场景中合影留念（图3-9，图3-10）。

图3-9
师生在活动现场打卡合影

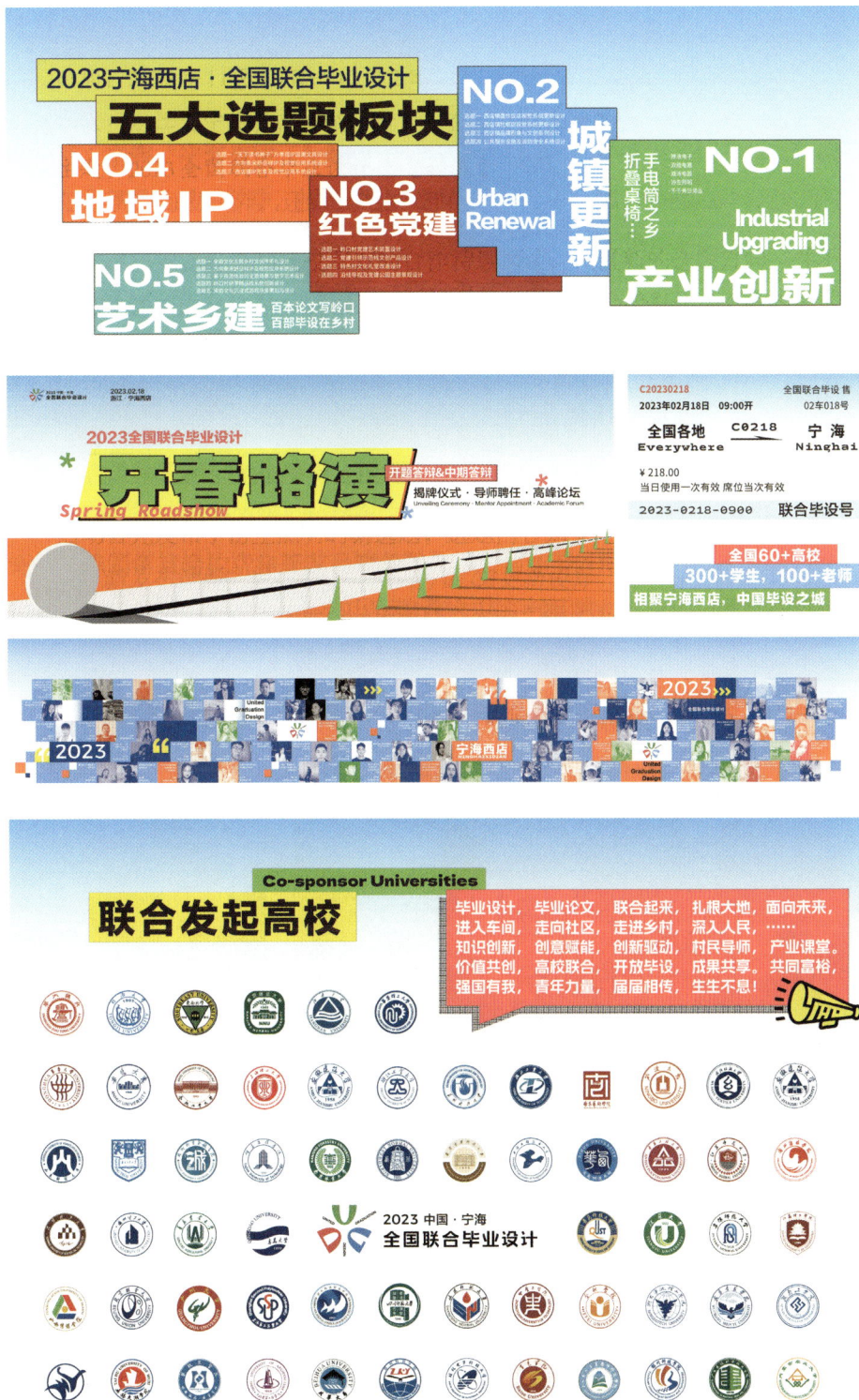

图3-10
开春路演视觉场景

开题路演媒体侧记（节选）：

2月18日，全国百所高校联合毕业设计"开春路演"在浙江省宁波市宁海县举行。来自昆明理工大学的大四学生景梓轲介绍其毕业设计成果："这是一把折叠凳，也是一只可以敲打的鼓。"他的毕业设计主题《中华文化符号视域下折叠凳的功能延伸与造型设计》，来源于西南地区传承2700多年的铜鼓文化。

东华大学陈思宇同学的毕业设计是以宁海县岭口村南宋诗人舒岳祥为例，通过宋词文学与诗路文化IP创意的有效结合，打造符合文化商品逻辑的优质IP，为村庄文化内涵塑造提供可视化的传达效果。

"大学生的毕业设计充满活力、创意、新意，这些恰恰是我们村庄发展所需要的。"作为毕业设计的"乡村导师"、宁海县岭口村党总支书记舒迎春对陈思宇的开题报告非常认可，希望设计成果尽快落地。

宁海县锐豹电子有限公司总经理毛斌被聘为此次毕业设计的"企业首席导师"。开题前，东华大学、昆明理工大学、西安建筑科技大学等院校设计类应届毕业生，专门到锐豹电子公司进行毕业设计开题调研，围绕公司照明产品的技术研发、生产工艺等方向，开展毕业设计。

第三节
融合论坛

　　作为平台的课程，促进校地融合、产教融合是其重要任务。联合毕业设计以产教融合、校地融合论坛，将政府、高校、学生、导师等各个主体之间建立更为密切的联系，这种融合有助于学校为社会提供有价值的资源和支持，也有助于学生更好地了解并满足行业的需求，从而将毕业设计落到实处。

　　根据教学的需要，联合毕业设计主要基于两个方面的内容考虑来组织论坛的主题。一是，紧扣地方产业建设和毕业设计选题方向；二是，结合前沿技术内容进行。2023联合毕业设计的校地融合论坛，针对产学研合作、非遗创造性转化、地域IP创新等议题展开。

课程记录：校地融合平台高峰论坛

　　时间：2023年2月18日
　　地点：浙江省宁海县西店镇成人学校报告厅、线上直播
　　主题：校地融合创新平台高峰论坛

　　下午，在西店镇成人学校报告厅举行"成校＋高校"校地融合创新平台的圆桌对话，村书记、企业主与高校院长、高校教授围绕校地融合模式创新展开讨论（图3-11）。

图3-11
圆桌对话视觉背景

图 3-12
融合论坛媒体专版报道

晚上，联合毕业设计暨校地融合创新平台高峰论坛首讲拉开帷幕，上海设计之都理事长张展、上海交通大学教授席涛、南京师范大学教授吴振韩、上海工程技术大学教授李光安、浙江传媒学院教授杨超、同济大学副教授鲁普及等专家学者围绕产学研、设计驱动创新等系列主题展开精彩的演讲（图3-12），线上、线下参与人数达到2000余人。

新时代下的产学研模式思考

分享者：张展（上海设计之都促进中心理事长）（图3-13）

产学研，是指企业、高校、科研机构相结合，是科研、教育、生产不同社会分工在功能与资源优势上的协同与集成化，是技术创新上、中、下游的对接与耦合。

新时代下产学研的特质，首先是长效性。产学研长效合作造就对行业理解的不断加深、对用户潜在需求的深度挖掘、对习以为常的认知的反思与创新。其次是商品效益，以人为本、以解决问题为导向、以商品为载体创造价值，实现商品转化的产学研合作。再者是协同整合，以设计驱动产学研资源整合，通过多学科的交叉融合与协同创新助力产业能级的提升。最后是文化引领。以产品承载文化，传达适宜当下的文化与价值，带来价值认同，建立文化自信，体现对文化内涵的传承、发展与引领。

图 3-13　课程海报

产学研模式实践赋能产业创新发展。从产的角度来说，要由点及面构建产业闭环，形成横向拓展和纵向深度，不能停留在一个点上去思考。学，就是开展"产学联动工作制"教学模式，培养适应于应用型特色的设计人才，着力解决目前设计教育模式及方法落后于社会发展对设计创新落地的实际需求，缩短学校跟企业之间的"最后一公里"。"产学联动工作制"以实际项目贯穿，通过课程群联动形式，将课程知识点与项目需求有机结合，使学生切实体会"从创意到商品"的全过程，体现应用型培养特色。其课程开展过程中，由专业教师和行业导师共同指导，培养"从创意到商品"——创新设计落地应用能力的层层递进。同时，打破课堂的界限、课程的界限、学科的界限，以学生为主体，组织创立"联创设计工作室"，承接课程作品的深化及企业课题，提升学生的设计创新与应用落地能力。研，就是开展跨专业、跨学科合作，形成可持续的深度跨学科协同机制。

媒介情境下的乡村品牌形象传播

分享者：吴振韩（南京师范大学美术学院教授、博士生导师）（图3-14）

当前，媒介情境下的乡村品牌传播发生了很大的变化。从传播媒介的组合来看，类型多样的"自媒体"与传统的"官方"媒体宣传形成了较好的互补关系。从传播内容的加工来看，国家和地方政府逐渐开始使用各种更为"亲民"的新媒介来传播官方的意志和声音，扩大影响力。从传播主体来看，传播关系发生了重大转变。从传播情境的建构来看，新技术构建了一个"多屏融合"的媒介情境，参与性与互动性吸引了更多受众的关注。

媒介情境下的乡村品牌构建方式，可以通过培育乡村特色品牌、打造区域公用品牌、筹划农业联名品牌来实现。而乡村品牌毕业设计要从大处着眼，小处着手。设计主题方面，从乡村品牌生态系统的高度出发，可以选择系统、整体、战略和策划类的设计主题，也可以选择"中小轻微""专精特新"的毕业设计主题。不管选择什么主体，都要将自己的毕业设计纳入乡村品牌系统整体的范畴中进行考量（创新

图3-14　课程海报

链、产业链、供应链、生态链、价值链），尽可能同乡村建设、乡村治理和区域规划等相结合。要重视设计在解决具体问题方面的作用，重视设计方法，善于运用数字技术。

同时，毕业设计不仅需要考虑"设计链"的问题，也需要考虑"传播链"和"信息链"的问题，形成传播的"闭环"，进而扩大乡村品牌设计的影响力。因此在传播设计方面，要结合媒介传播，融合公私媒介情境，合理运用社交媒体、自媒体、数字媒体等，建立信息传播矩阵。

传统技艺的文化自信与科创未来

图3-15
课程海报

分享者：席涛（上海交通大学媒体与传播学院教授、博士生导师）（图3-15）

非遗产品是非遗保护、传承和利用的一种方式，但非遗产品想要融入现代生活，需要在保护非遗产品的原有文化内涵的同时，寻求新的传承方式，加强非遗产品与现代市场的联系，并加强非遗传承人掌握先进技术的能力。

在信息时代设计领域，设计师正面临诸多挑战，例如如何掌握最有效的信息并驱动创新，如何满足不同的用户需求。此外，在大数据信息中，有更复杂的视觉问题需要解决，需要设计师们为多元文化和最新的技术进行可持续设计。

非遗文化包括图、字、器、艺四大类，而创新设计研究非遗产品，有三个关键字：品、地、体。品，即品牌价值观，体现中国元素的文化自信，用跳跃性的思维去创造设计，通过降低类别规范和解决人类动机来保持相关性并增加品牌价值。地，即接地气，从解决人类需求出发，与环境保护相协调，进行节约性与约束性设计，减少浪费，延长产品的生命周期。体，即让设计服务沉浸式体验，通过计算机辅助设计等现代科技手段，进行包容性设计、用户合作设计等，例如随着社会老龄化地日益加剧，增加设计对老年人的友好度等，更好地满足人类情感需求和体验。

展望未来，非遗文化与用户行为、新技术、组织能力交叉融合开发战略和可视化方法还大有可为，非常值得研究。希望参加全国联合毕设的学生们能更好地传承文化，更好的设计服务体验，作出更美好的作品。

设计的创造力

分享者：**李光安**（上海工程技术大学艺术设计学院教授、硕士生导师）（图3-16）

设计是一种思考方式，是一种创新力，是一种不断努力追求卓越的过程。设计最终是为产品本身服务，旨在创造一种绝佳的用户体验。所以说，创意和"为人的设计"才是设计师本质。

设计师在设计选题时，应从两方面考虑：一要从国家战略和地区需求出发，要从有效解决当下社会和人的需求出发；二要从自己的兴趣、爱好和特长出发。

从第一个层面来讲，要突出大设计的理念，因为大消费、大娱乐、大金融、大交通、大智能时代，必然会形成今天的科技、创新和设计之间的新需求关系，需要跨专业、跨学科、交互融合的大设计去满足新需求。我们要确立"中国设计"的文化生长点、科技创新点和消费突破点，去服务"大制造""微制造"。从第二个层面来讲，大家在选题的时候，要善于从自己的兴趣、爱好出发，利用自己的特长来进行设计。以礼品包装为例，有些同学善于画图，就应该从包装插图着手设计，有些同学善于设计造型结构，那设计的时候应该从包装的造型、结构等方面去突发。

费里·波尔舍和费迪南德因找不到梦中的汽车而开了自己的汽车公司，他们因爱好而设计；菲利普·奈特和比尔·鲍尔曼因到处买不到高质而平价的跑鞋才创立了耐克公司，他因需求而设计；萨姆·发伯为了患关节炎的妻子能更轻松地削苹果，才决定设计一款大家用起来更方便的水果刀，这是为爱设计。所以，爱好＋需求＋爱，才是设计创造力的源泉。希望可能作为未来设计师的你们站在国家战略的高度，担当起当代设计人职

图3-16
课程海报

责使命，深入社会和基层，走出校园、走向城乡，将论文写在祖国的大地上，把设计做在城市与乡村，让青春在全面建设社会主义现代化国家的火热实践中绽放绚丽之花。

非遗、新韵，再设计

分享者：杨超（浙江传媒学院教授、硕士生导师）（图3-17）

当同学们毕业后走向社会，如果你有一个独特的风格，那会对你成为一个有影响力的，或者说优秀的设计师会有很大的帮助。所以我认为，作为一个设计师，首先要认识自己，寻找适合自己的设计风格。

那么怎样在设计产品中把中国文化元素融入？我想首先要挖掘非遗、民俗等中国元素。2018年至2022年期间，我跟团队承接了蚂蚁金服吉祥公仔的设计项目。我们做了大量的尝试，最后利用景德镇的陶瓷工艺，尝试用新的方式去表达。首先做了一些变形，例如蚂蚁的上半身是绿色的瓷，下半身黄色的陶，表达绿洲覆盖沙漠。其次做东方书法和西方文字的组合，将狂躁书法和达·芬奇的手稿结合体现在蚂蚁公仔身上。还做了一些废品利用，例如用过期的花纸随意乱贴，附加电镀金；再如将做失败的公仔收集起来进行组合，在视觉上营造治愈效果。后来这批废品还被一个环保领域的客户看中。

挖掘中国元素之后，我们还可以对中国元素进行解变、重构和再设计，来达到更好的视觉传达效果。因为传统文化元素直接取用太过生硬，但通过简易重构，能赋予传统文化一定的现代感。例如将传统装饰提炼出来与文字做结合重构，就会给人新的视觉体验，实现非遗民俗等中国元素的视觉转化。

最后给个建议，当同学们走向社会去做商业设计，不要为了完成任务而去做设计，而要按照国内外设计大赛的标准来做，争取把每一个项目做到最好，去冲奖。不想获奖的设计师不是一个好设计师。

图3-17
课程海报

IP形象设计与传播

图3-18
课程海报

分享者：鲁普及（同济大学艺术与传媒学院公益广告研究中心主任）（图3-18）

研究IP形象设计和传播，首先要搞清楚、分清楚形象和IP形象这两个不同的概念。形象是对一种相似或相像关系的认知，实质上是公共印象。IP形象是因智力劳动而享有专属权利的形象，可通过图形、文字、音乐、视频、游戏等媒介表现。所以我们通常说的IP形象设计更多的是视觉结构的设计，而不是形象本身。

通过设计，我们可以解释形象，解释形象的过程就是形象传播。而解释取决于情境定义，是在人与社会互动的过程中建立起来的，是符号、意义的互动和理解的过程。因此，IP形象不是固有的、客观的，而是与传播过程中共创、共生、共存、共变的……从某种意义上说，IP形象设计只是抛出了一个视觉结构，它到受众的眼睛里、心目中形成"印象"的过程中受着诸多的因素的影响，比如客观环境的噪音，比如主观上公众选择性的暴露、关注、理解、记忆等一系列问题。

与此同时，传播有两种维度，一种是传授、发送、传送、运输等，即空间上的信息散播（传递观）；另一种是分享、参与、沟通、共同体，即时间上的共同信仰表征（仪式观）。其实我们的全国联合毕业设计就属于第二种传播维度，以"联合毕设"的名义，从祖国的四面八方汇聚浙江宁海西店，大家一起参与形成共同体，而这本身就是IP形象建构和传播的一种形式。在此次IP形象传播的过程中，我们创建了传播的时空场域，激发学生的具身体验，凝结了IP形象的意义内涵。

最后强调一点，IP形象设计绝对不是一厢情愿地画个吉祥物，而是多主体的互动协商达成共识和价值认同的一个场景。因此在宁海做IP形象相关毕设，要深入了解和理解设计标的形象，展现共同认知。

第四章

多元对话：
过程管理中
的链接

联合毕业设计的推进过程，在调研、创意、转化、研究等环节中，以专题工作坊、联合指导等形式，将教学过程和实践过程进行结合，一方面，对原本教学中相对离散的工作任务模块整体关联；另一方面，也更聚焦学生能力和作品质量的提升。联合毕业设计的价值和意义，正是在不断实践的过程中，促使多方协作、碰撞形成行动的合力，各方达到各自成长、受益的目的（图4-1）。

图4-1
毕设主题系列
工作坊现场

从对教学的意义来看，不同院校导师之间的协作，因各自使用的不同教学方法、观点，在指导毕业设计创作过程中，进行教学、教研探讨和碰撞，形成新的教学理念，对毕业设计指导过程的优化具有补充作用。

不同专业学生的协作，因解决问题的视角不同，不同专业之间的学生联合互动，可以更为系统、全面、立体地理解项目的解决方案。在团队合作的过程中，这些学生协作能力、自我管理和与人相处能力等综合素养得到增强。

对于学生的指导而言，高校导师从方案的前瞻性、完整性、创新性以及在理论层面提供指导，与地方的企业和乡村导师在实践生产、技术规范、工艺流程等实践操作层面更为微观、具体的指导形成互补。学生可以将在场的研究过程材料，转化为知识生产、知识创新的内容。

第一节
毕设工作坊

在联合毕业设计执行过程中，为保障教学质量和效果，在乡村、企业现场以及云上课堂开设了各种主题工作坊，师生针对不同项目展开讨论和推进。

课程记录：2023开题工作坊

时间：2023年1月10日—1月14日
地点：浙江省宁海县西店镇的乡村和企业、线上云课堂
主题：2023全国联合毕业设计开题工作坊

为品质生活而设计，产品创新毕设开题工作坊

2023年1月10日和11日19：30—21：00，2023"开春行动"——腾浩工作坊开题交流会和协生工作坊开题交流会，在腾讯会议顺利举办。

当毕设人面对真实的社会需求与商业问题时，要如何重新审视与拆解问题？来自高校与社会的"墙壁"给我们带来了怎样的阻碍？我们的表达与基于所学知识的思考是否会被企业接受与认可？

数个小时，22位23届毕业生，13位教授导师，2位企业导师，对"腾浩"和"协生"的5个选题进行了交互式研讨、交流，源自创作与市场一线的回答频频迸发，更加清晰的图景，展现在了我们面前。

（1）腾浩电子

① 基于多功能折叠凳结构的户外场景延伸产品设计

吴万鹏是西安建筑科技大学艺术学院19级产品设计专业的准毕业生，他选择了"基于多功能折叠凳结构的户外场景延伸产品设计"选题，并尝试打造一款适用于户外小白，针对家庭用户的"车顶帐篷"（图4-2，图4-3）。

图4-2
西安建筑科技大学吴万鹏

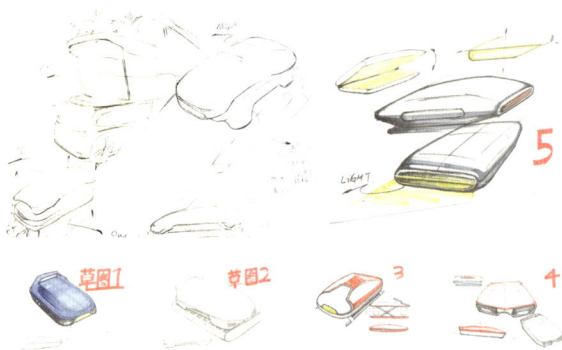

图4-3
方案前期草图探索

吴万鹏喜欢户外活动，经常和同学自驾游，在一次次旅途中坚定了将车顶帐篷作为毕业设计的想法。它第一个特点是折叠，第二是双层设计。将帐篷的一层打开后，人的视野会更为开阔，人们可以在这里看星星、与朋友畅聊，他根据现有硬核户外、悠闲居家的产品，进行了大致草图创作。

品牌的本质是构建人们生活方式，露营——作为一种在近几年兴起的娱乐活动，除了对于"户外"需求的洞察外，更重要的是"社交"，任何年龄段的人群都有对于社交的需求。对年轻人来说曾经的游戏，中年人的喝茶或是钓鱼——这些活动的本质，都是人与人之间的社交手段。

吴万鹏认为，在设计"露营"这样的产品时，除了关注简单的"功能性"，更深入的社交性需要毕业生能够深入到真实的露营场景去发掘，去发现每一个模块是如何促成社交的，而毕业生又如何通过功能性的手段促成更好的社交露营体验。这也许是更深一层的洞察。

② 户外写生用组合水彩画具设计

来自东南大学艺术学院19级产品设计专业的毕业生李为航，在此次毕业设计中选择了"基于多功能折叠凳结构的户外场景延伸产品设计"选题，尝试打造一款"户外写生用组合水彩画具设计"。在先前的各种课程中，他大多以建模、渲染为主，还没有把一个设计真正落地。参加此次行动，他将全力以赴，把自己的毕业设计成功落地（图4-4，图4-5）。

户外写生在绘画学习中的重要性无可置疑，但其受到经费条件等客观因素的限制，以及它具有需要准备诸多画材和应对户外诸多困难的挑战，这些让人们产生一定的畏难情绪，无法以一种轻松的方式享受户外写生乐趣。

李为航针对绘画爱好者、美术相关从业者、户外运动爱好者、家长这四个人群，提出户外写生用组合水彩画具设计。如果适当将工具组合化，并针对户外写

图4-4
东南大学李为航

图4-5　方案前期分析

图4-6　方案设计思路

生场景进行适配设计，便可以在一定程度上降低写生门槛、简化写生流程、规避写生风险、促进写生推广（图4-6）。

③ 精致露营相关便携式折叠产品

来自昆明理工大学19级工业设计专业的毕业生袁欣霖，在此次毕业设计中选择了"基于多功能折叠凳结构的户外场景延伸产品设计"选题，提出打造"精致露营相关便携式折叠产品"。喜欢旅游的她，在本次毕业设计中结合沿途的观察和对露营模式、用户、新模式的把握，希望能落地一款精心的产品（图4-7~图4-9）。

从传统露营的大众化到精致露营的迅速崛起，专业装备、体验舒适、氛围营造缺一不可。露营产业外溢效应明显，袁欣霖认为精致露营相关便携式折叠产品，使多功能小推车、体育用品、料理、帐篷等产品能与露营高质量地结合，并且创造露营氛围感，使露营"季节延展，场景细分，轻量便携，高端颜值"。

图4-7
昆明理工大学袁欣霖

图4-8
露营方案前期分析

图4-9
昆明理工大学团队作品
展示场景

联合指导环节：

工作坊上，田野教授也发表了他的意见。田野教授是昆明理工大学的副教授兼硕导，现主要研究中华民族设计文化的集成创新与可持续设计，以第一作者发表过国际A&HCI艺术与人文科学引文索引期刊、国家中文与科技双核心等学术文章，主持了国家社科基金项目"茨以载道：元代江南文人群体住居空间营构理法"、昆明理工大学高层次人才平台项目"艺术介入云南特色文化产业发展路径与价值评估"等项目。他致力于传道、授业、解惑，乐于修改学生论文与设计。

针对本次同学们的开题交流，他指出："同学们对于腾浩产品的理解还不够深入，后续我们将进一步从多个渠道来拓宽思维方式，大家需要继续保持思考的活跃性和事业的多元性。我将针对大家的背景，结合每个人的兴趣和在四年学习过程当中所表现出来的特点，分别找出一条最好的设计路径。"

作为出题人的腾浩孙总也给出了自己的想法。孙亮毕业于上海音乐学院声乐专业，宁海县人大代表、央视《时尚科技秀》受访嘉宾、拥有全球PTC专利和中国、日本、美国、欧盟等国家和地区发明专利，同时也是山花烂漫公益慈善组织成员。

腾浩孙总针对同学们的选题意向，结合腾浩实情和市场需求，提出了相关具体思路和建议，也向相关老师和同学发出邀请，前往腾浩进行实地调研。

（2）协生照明

① 基于牙套群体必需品消杀设备设计

图4-10
合肥学院韩舒琪

合肥学院19级产品设计专业的毕业生韩舒琪，在此次毕业设计中选择了"'多一点'生活健康品牌消杀系列产品开发"选题，尝试打造一款"基于牙套群体必需品消杀设备设计"。她在上大学前，也是牙套群体的一员，深刻了解戴牙套的不便。除不便外，牙套、牙刷等牙具的卫生问题也一直困扰着她。她想借此次毕业设计，助力牙套群体实现"牙套卫生自由"（图4-10，图4-11）。

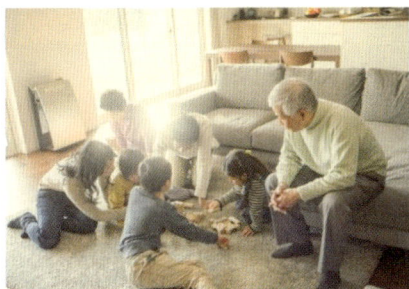

图 4-11
方案前期设计定位

设计定位

设计理念：解决牙套群体必需品（牙刷、牙套等）消杀
定位人群：牙套群体
风格：高端、科技、清新复古、可爱
设计思路：
A.便携式牙套清洁器，结合牙刷牙杯收纳一体式。
B.家用牙刷消毒器一套式全方位消毒，完善产品功能。
C.外观设计要符合不同人群要求。
D.产品的材质应安全且有质感。

主要方案

圆润简约	一体式	便捷高效

　　韩舒琪通过对现有牙套群体消杀设备的分析和现有科技的了解，从消杀、品牌方向分析了现有市场的相关产品，并进一步提出她的设计理念、定位人群、风格和设计思路（图 4-12）。

图 4-12
产品使用场景与流程

② 针对特定场景的多功能手电筒设计

兰州理工大学19级产品设计专业的毕业生陈治西，在此次毕业设计中选择了"针对特定场景的多功能手电筒设计"选题，提出从露营地区、乡村山地、营救场所出发，为三个特定场景进行"照明创新设计"（图4-13）。

陈治西想将自己的创新性想法与家乡照明产品结合，选定露营地区、乡村山地、营救场所三个特定场景进行照明创新设计，经过观察和调研，尝试打造用于标记、照明和互动的照明产品，真正帮助他人，发挥启示教育作用。她认为，无论是思想内核还是视觉技巧，创作重点永远是自己的表达（图4-14）。

图4-13
兰州理工大学陈治西

图4-14
方案选题构思

③ 多功能家庭集成式消杀产品设计

来自合肥学院19级产品设计专业的毕业生刘婧茹，在此次毕业设计中选择了"'多一点'生活健康品牌消杀系列产品开发"选题，尝试打造一款"多功能家庭集成式消杀产品设计"。之前协生企业的直播深深吸引了她，她在春节后将前往协生企业，亲自参与到产品设计和开发的流程中，更好地完成毕业设计（图4-15，图4-16）。

图4-15
合肥学院刘婧茹

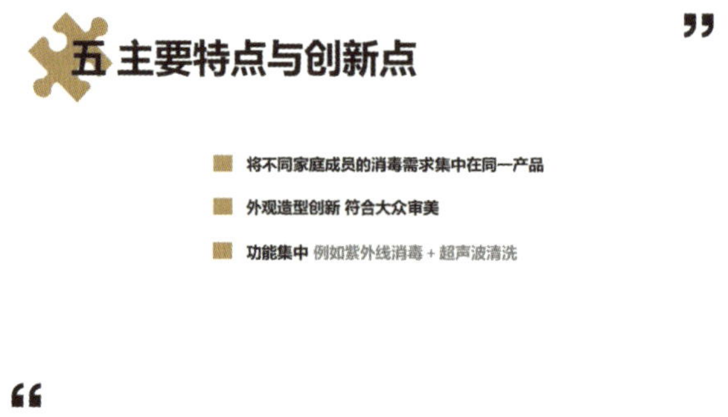

五 主要特点与创新点

- 将不同家庭成员的消毒需求集中在同一产品
- 外观造型创新 符合大众审美
- 功能集中 例如紫外线消毒＋超声波清洗

图4-16
方案前期分析

在新的时代，家庭空间和家庭成员对消杀产品的需求发生了变化。刘婧茹通过市场分析、产品初步定位等，提出多功能家庭集成式消杀产品设计。全国联合毕业设计将见证企业与"00"后设计青年在其人生中最具自由创作空间力的时刻相遇，共创未来世界的N种可能实现方式。

联合指导环节：

合肥学院工业设计系的副主任　石林

石林教授是合肥学院工业设计系的副主任兼产品设计专业负责人，主要研究方向为产品造型设计，担任了产品项目实践Ⅰ(家居用品设计)，产品项目实践Ⅲ(儿童产品设计)，设计表现基础Ⅳ(电脑平面效果图)，专业导论，毕业设计等课程。近三年主持过省级教科研项目四项，院级教科研项目4项，公开发表论文6篇，申请外观专利4项，实用新型专利4项，发明专利1项，指导学生获得国家级专业奖项5项，省级专业奖项20项。

针对本次学生开题交流，她根据同学们创作时的痛点，就消杀原理、消杀时间、电源电伏、注意事项等问题，和协生毛总进行了探讨，帮助同学们能够更好地找准产品定位，提高产品质量。

宁波锐豹电子有限公司　毛斌总经理

协生毛总针对同学们提出的问题及选题意向，给予了很大肯定，回应了每位演讲同学的问题。他指出："同学们的一些理念很接地气，在我看来，如果这些想法能够落地，一定会让消费者喜欢。"

再现诗里乡村，艺术乡建开题工作坊

乡村是中华民族文化的摇篮，农耕文明是现代工业、信息文明的重要源头。在艺术的观照之下，单向度的乡村逐渐生长出多样的色彩和可能，一个内蕴丰富的乡村图景也依稀浮现。

2023年1月13—14日，参与岭口村工作坊和王家、吴山、团堧工作坊开题交流会的50多名师生，以青年设计力量响应国家乡村振兴战略，在不同的空间，在同一时间，围绕四个乡村空间联合推出各类设计方案。

（1）岭口村

① 基于夜游体验的主题场景与数字艺术设计

图4-17
湖北工业大学陈昱洁

毕设人一直找寻的设计灵感，也许就在诗词间。岭口村作为阆风先生舒岳祥的故里，见证了阆风文化的诞生和传承。陈昱洁是来自湖北工业大学艺术设计学院的准毕业生（图4-17），她以"穿越阆风"为主题，以"水"为主要设计元素，希望在毕业设计中呈现"阆风里，光阴荡漾"。

陈昱洁将阆风先生的诗词可视化，借"水"在四季不同的形态和声音，体现时令变换，并利用全息影像、VR、光影等技术，通过一个叙事性的交互短片，将岭口村的故事娓娓道来，塑造出时间、空间来引导观者体验阆风故里古今交错、四时流转的独特景象（图4-18）。

华灯初上，夜景依旧。近年来，乡村数字化文旅融合呈现蓬勃发展态势。灯光技术作为夜游中重要的环节，创新固然重要，但是"秀的内容"才是吸引人的核心关键。为此，夜游项目的打造应是内容与技术的完美结合，而非技术的堆砌。

岭口村舒书记对陈昱洁的设计想法颇为感触。他说到："岭口村依山傍水，古树参天，小桥流水人家。陈同学的设计将夜游体验与情感需求相结合，让我的心境'明月松间照，清泉石上流'。"

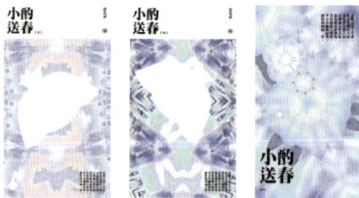

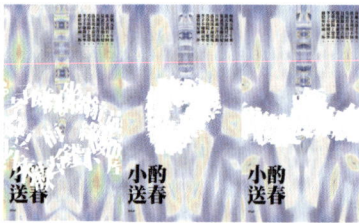

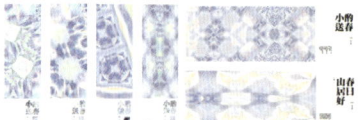

图4-18
方案呈现（局部）

② 宋韵文化主题乡村伴手礼设计

蒋璨是苏州科技大学艺术学院准毕业生（图4-19）。蒋璨将"宋韵文化"与"乡村文化"连接，构建文化符号，使文化赋能产业；将"情感化设计"融入"乡村文创"，通过景物重塑触发人们对于乡村文化的感官联想，赋予产品实用价值与活力，并用情景构建唤醒人文情怀与情感联结（图4-20）。

好的设计必然有其特色和文化内涵。蒋璨将岭口村"六和文化"与宋韵文化相结合，从生活美学和艺术审美两个层面品味宋人生活之精致，感叹宋人艺文之风雅。她的设计从本能层、行为层、反思层出发，使设计建构和岭口村文化内涵、村民生活融为一体。

蒋璨的毕业设计是一场艺术与故事的碰撞。它用艺术的形态理性地回应岭口村的需求和观者的感受，从而建立人与自然健康而良好的互动关系。

图4-19
苏州科技大学蒋璨

图4-20
方案呈现

（2）吴山村——农场基地整体规划改造设计

孙雅婷来自浙大宁波理工学院（图4-21）。孙同学提出农文旅融合类型及模式，从田园农业旅游、民俗风情旅游等七个方面出发，并结合吴山村区位因素、农场现状，提出"绿色农场，链接多产"理念，以此打造景色优美、绿色生态的农业观光体系，以农为锚链接多种产业类型。

一个好的乡村整体规划，离不开自身的特殊性。孙雅婷将吴山村划分为七个功能区，每一个分区因地制宜，就地取材，打造具有"吴山村特色"的环境设计。"发展农业就好比种庄稼一样，得因地制宜，千万不能像过去那样一竿子打下水，搞一刀切，还得尊重主人的意愿"（图4-22）。

图4-21
浙大宁波理工学
院孙雅婷

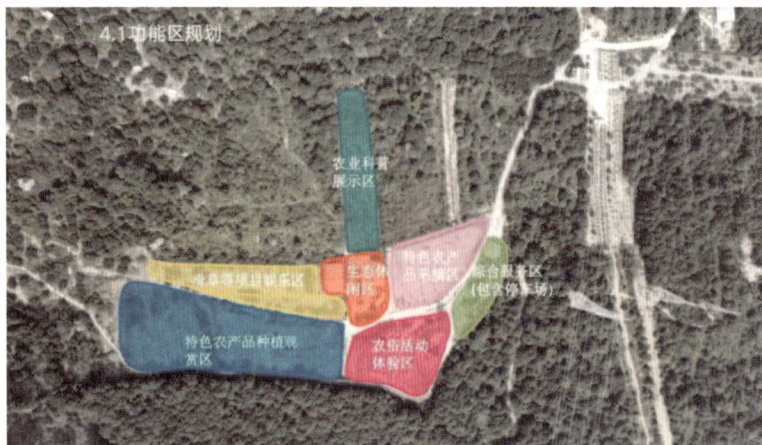

图4-22
吴山农场规划平面图示意

（3）团堨村

图4-23
华东理工大学赵程扬

　　来自华东理工大学的赵程扬同学（图4-23），基于团堨村现况，提出将设计建立在旅游业基础上，筑巢引凤，优化营商环境，推动商业空间的形成。另一方面，以红色党建为主旋律，将现状包装加上特色经营，打造成时下热门的"网红村"。

　　在做设计时，赵程扬提出拒绝大拆大补，以微更新为基调；明确空间功能，实现多空间多功能。将艺术创作、内生力量、网红效应合三为一，改善现有乡村环境，创业为本，带动乡村空间更新，打造多元化业态空间（图4-24）。

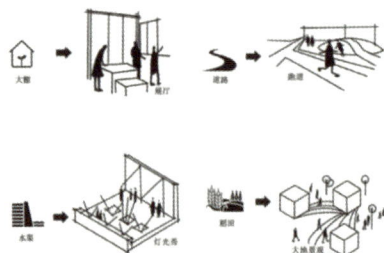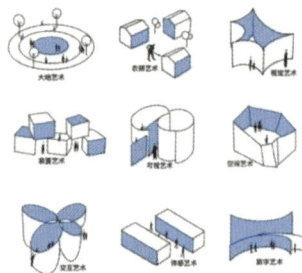

图4-24
方案前期分析

联合指导环节：

西店镇岭口村　舒迎春书记

出席本次毕设点评的还有西店镇岭口村乡村导师——舒迎春。他是西店镇岭口村党总支部书记、村委会主任，宁波市第十四届党代表，宁波市金牌导师，宁波市担当作为好书记，宁海县优秀共产党员，宁海县民间讲师团成员。

舒书记针对同学们的想法，指出："岭口村是'共同富裕·美丽乡村'建设中的重要一员，我们以宋韵文化为依托，着力建设宋韵香山风景线工程。我很感谢大学生的毕业团队能参与我们岭口村的艺术振兴乡村活动。大家为岭口村做设计时，一定要保留原汁原味的岭口宋韵文化，并在党建引领下，融合六合文化。"

湖北工业大学艺术设计学院　黄亮副教授

黄亮是湖北工业大学艺术设计学院视觉传达系副教授、硕士研究生导师。出版教材有《图"行"天下——图形创意的思维与方法》等；作品多次获得国内外设计大赛奖项和展览。指导学生颇有心得，曾指导学生获得全国大学生广告大赛、靳埭强设计奖、金犊奖等。

针对本次同学们的开题交流，他指出："全国联合毕业设计赋予同学们打开、碰撞、生长的意义。打开的意义，是打开世界的方式，也是打开设计的方式。碰撞的意义，是学生间不同设计的碰撞，青年与乡村的碰撞，这些碰撞的力量是'开春行动'的意义所在。生长的意义，是Z时代青年走到乡村、走到社会当中去思考，做一些细致的探索，他们需要时间去融入、去生长。"

上海工程技术大学艺术设计学院院长　高瞩教授

高瞩教授是上海工程技术大学艺术设计学院院长，博士生导师。他担任了全国艺术硕士教学指导委员会专家、World Design Organization高级会员、《Journal of Mechanical Engineering Science》杂志编委等。先后获得德国红点国际工业设计奖、中国国家红星奖、中国特种设备检验协会科学技术奖二等奖等。

他提出："第一，乡村振兴实际上是需要多专业交叉介入的整体性设计。我们要把多个专业串起来，不应该局限于单个专业本身，加强多学科互动、多专业协同。设计学属于交叉学科门类，它的边界越来越模糊，恰恰这种模糊性带来了足够的张力，使得设计更富有全局性、综合性的力量。第二，设计一定要深入生活，深入观察生活、体验生活、反思生活、贴近生活。否则，很难挖掘它本身的文化内涵和显著特质。同学们对乡村生活——特别是宁海的乡村生活认识还不够。放眼设计界，大家都知道，在国内外各种设计大赛中，真正能拿特等奖一等奖的好的作品，它不是一般的技艺表达，而是包含了在地文化、社会形态、当地生活和审美趣味的综合体现。"

用设计讲故事，城镇更新＆党建开题工作坊

IP设计如何体现城镇特色？城镇更新如何焕发新的生机活力？党建专题设计能否跳出固有思维？……城镇更新工作坊和党建专题工作坊持续推进，2023年1月11日，东华大学、湖北工业大学、西北师范大学、浙江工业大学等多所高校师生带来2个方向的毕设选题分享。再一次，腾讯会议的大屏幕前，联合毕业设计的师生团队进行线上相聚，在毕业设计推进过程共话西店镇建设。

（1）地域IP

① 西店蛋炒饭品牌设计及其相关文创设计

褚洁滢来自东华大学，以宁海"西店蛋炒饭"为例，进行了宋韵文化在地域物产品牌中的设计应用研究（图4-25）。她以西店镇特色美食——蛋炒饭为具体切入点，将传统食品和视觉传达设计结合，为"西店蛋炒饭"创造有故事的品牌，带领消费者感受西店地域文化。在设计过程中，她为"西店蛋炒饭"统一视觉形象，设定主视觉、logo、西店蛋炒饭品牌的衍生品的国风插画设计、品牌衍生品（图4-26）。

图4-25
东华大学褚洁滢

品牌标志设计过程

厨具
颠勺动作

西店飞檐

蛋炒饭元素
米粒和鱼

西店蛋炒饭
XI DIAN DAN CHAO FAN

碗形状
沿海波浪纹

宋体 横细竖粗

关键词：有趣、美味、烟火气

图4-26
蛋炒饭视觉形象前期
草图构想

② 手电筒之乡IP打造

来自湖北工业大学的贺文昱、王兰心（图4-27，图4-28），提取了西店镇民间艺术、文物古迹、风景名胜、地方特产、地名由来和发展优势，立足西店镇"手电筒产业"，构建"手电筒之乡IP"的品牌故事系统、视觉形象系统。对于城市的品牌设计与推广，她们提出"包容性""综合性"的设计，既要满足大众的审美，也要适用于不同年龄段的人群，结合当地特色进行设计，引发情感共鸣与价值共鸣。

图4-27
湖北工业大学
贺文昱、王兰心

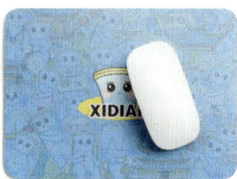

图4-28
西店手电筒IP形象及应用

联合指导环节：

湖北工业大学艺术设计学院　周承君副院长

兼全国大学生广告艺术大赛湖北赛区评审委员等，立项"关于创建武汉设计创意谷的可行性研究"科研项目，主导完成第十届中国国际园林博览会 VI 系统设计等，著有《设计心理学》《图形创意》等。获全国旅游纪念品大赛、时报金犊奖全国"十大杰出青年设计师奖"等比赛奖项，已完成课题：创建武汉设计创意谷的可行性研究等。

周承君教授指出："很多同学选择做IP形象设计。在IP建构过程中，大家要将建构、设计、传播三位一体。同学们要明确该IP传递的核心理念是什么，IP形象背后的独特性、专属性指向是什么。大家要跳出感性视觉设计的陷阱，首先挖掘IP独有的文化内涵、专属的知识产权、清晰的审美调性；要从IP的概念、内涵，到读音、语义进行辨析、测试；再进行具体的形态、色彩设计，并结合IP形象的应用场景进行排列组合；最后遵循媒介特点进行创造性传播，主动将IP形象策划成热点话题引起人们共鸣，提升西店的情感体验。

从文化内涵方面讲，如果你的IP形象源于一些民间传说，那么你得思考，传说通常会有不同版本，你要研究哪个传说最靠谱，符合客观历史。又比如西店镇有自身的宋韵文化，你可以联想宋朝的审美是什么？理性简约就是其中之一。

从传播方面讲，建议同学们深度体察当地居民的方言，对典型语音、语言形象进行系统整理，挖掘地域文化内涵，引起人们情感认同。"

中原工学院艺术设计学院　刘方林副教授

中原工学院艺术设计学院硕士生导师、广告课程组负责人、视觉传达系教师，省级一流课程《品牌与企业形象设计》主讲教师，中原工学院校徽设计者，中国包装联合会设计委员会全国委员，大华国信资信评估有限公司等公司兼职艺术顾问，创立"方林视觉"设计工作室。

刘方林教授指出："从实题出发，全国联合毕业设计为我们提供了真实的课题，我们能深入了解客户的真实需求，将自己的专业提到更高的境界。

从联合出发，大家有机会共同参与毕业设计，这是很有价值的一种方式。这很符合品牌经营和传播的一个要求——'众创'。大家在了解和做的过程中，互动传播，也就了解了品牌经营，所以我们要珍惜过程。

从乡村出发，艺术乡建吸引了年轻人关注乡村，为乡村未来发展提供能量。年轻人可以掌握未来发展的新玩法、新趋势，为品牌经营注入青春力量。同学们可以尽情地'玩'起来，'玩'出乡村的价值和趣味。"

（2）红色党建

① 宁海县西店镇党建公园景观规划设计

图4-29
桂林电子科技大学
王晓钢

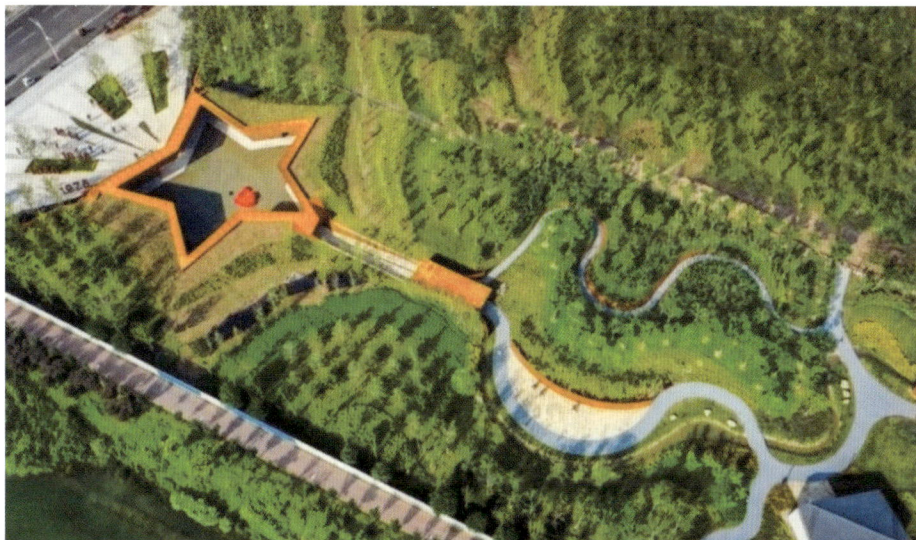

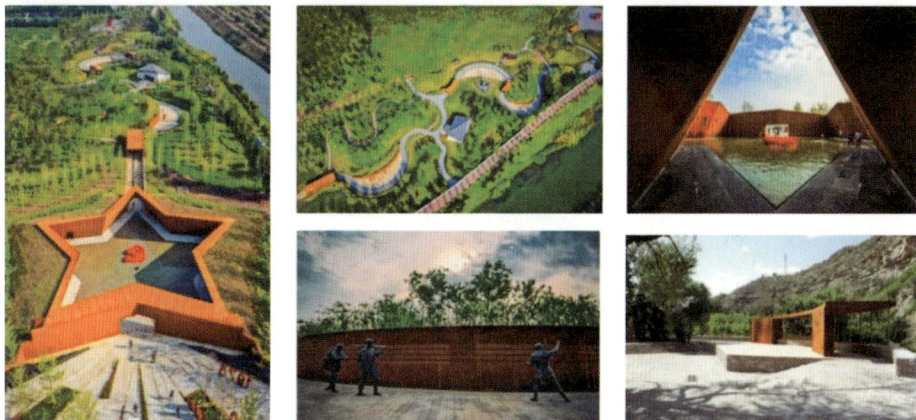

终点亦是起点，党建离我们并不遥远。来自桂林电子科技的大学的王晓钢（图4-29）提出"终点的起点"设计理念，对宁海县西店镇党建公园进行景观规划设计。他从用地情况、文化背景等方面，分析选址特征等，评估所设计公园的可行性，目的是打造兼具休闲娱乐、科普宣传、文化教育多种功能集一体的专属类型公园。基于自然地理环境，布置景观来创造环境和生活相宜的场景（图4-30）。

图4-30
党建公园前期方案探索

图4-31
浙江工业大学陆诗樱

②溪头村共富工坊规划设计

浙江工业大学的陆诗樱（图4-31），以党建联建为纽带，合理规划共富工坊交流、学习、展示的各个功能空间以满足周边企业、村民的多样需求，方案体现党建内容、元素，目的是打造具有引领示范意义的党建基地。并以（全息）投影技术、虚拟现实技术、数字沙盘、电子宣传板等创新展陈形式，大幅度升级显示效果。同时在展陈空间适当设置休闲座椅，满足群众闲暇阅读、聊天活动的需要（图4-32）。

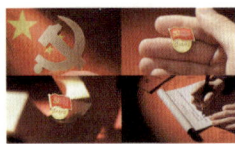
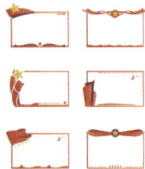

图4-32
共富工坊前期方案思维
发散

浙江工业大学设计与建筑学院　田密蜜教授

浙江工业大学设计与建筑学院环境设计系教授、硕士生导师，设计学建设办主任，环境设计学科负责人，担任中国建筑装饰协会环境艺术分会学术委员，浙江雕塑学会理事，中国艺术人类学会会员等，以第一作者发表SSCI、CSSCI及核心期刊论文二十余篇，设计作品获第十届全国美术作品展览作品入选奖等，论文获2022米兰设计周中国高校设计学科师生优秀作品展全国决赛学术奖等。

田密蜜教授指出："我们不要把党建变成一种说教，比如讲党的理论等。从艺术性出发，我们要对党建进行转换，这里的转换就是艺术表现。

从主题性出发，大家在最开始时要有'艺术的直觉'——把握设计理念。想讲什么，想表达什么，是我们的设计之初，进入一个项目的核心是定位主题。你要找一个抓手，它可能是模糊的、不成熟的，但没有关系，你必须要通过抓手才能把文字的东西变成视觉化、空间场景的东西。

从在地性出发，西店镇说它是强镇，强在哪里？浙江的村镇和安徽、江苏、河北的村镇有什么不同？这些是要大家时时刻刻去感受的。从感性的现象出发，再到场地理性分析，感性和理性的结合，这样的设计才会只属于西店镇。"

西北师范大学美术学院 张学忠教授

西北师范大学美术学院教授，硕士研究生导师，中国美术家协会会员，出版专著《从绘画到设计》《设计思维与方法》等7部，发表论文（作品）40余篇（幅），担任《包装工程》杂志专家委员会委员和审稿专家，教育部艺术设计学科项目评审专家，文化和旅游部全国艺术科学规划项目评审专家，国家社科基金后期资助项目（艺术学）通讯评审专家等。

张学忠教授指出，从学科性看，设计类专业的学生若只禁锢于单一学科的知识范围，虽然能在一定范围内追求新的研究高度，但对多元化思考、全方位判断及解决问题等方面势必处于滞后的状态。所以跨学科，也成了我们的一个突破点。将表面上不相关的领域或资源结合，互通有无，创造出原本自身领域或传统方式不一样的成果。

从精准性看，艺术就像萝卜青菜各有所好，仁者见仁智者见智，它总是有多种答案的。那它什么时候可以实现精准表达呢？我们要在党建专题上实现某种突破和创新。

设计就是针对问题来的，如果没问题，设计专业很可能变成无事可做。同学们要训练解决现实社会中复杂性和综合性的设计问题的能力，从而真正做到具有"解决问题的能力"的人才。

第二节
专题云课堂

在2022年的毕业设计执行过程，因受疫情的影响，云课堂是联合毕业设计推进的重要方式。

课程记录：2022中期分享

时间：2022年4月—5月

地点：浙江省宁海县岔路镇的湖头村和下畈村、线上云课堂

主题：2022长三角艺术振兴乡村高校毕业设计联合行动"云上中期分享"系列活动

2022年4月，联合毕设进入了推进的关键环节，此时，同学们的创作方案已有了基本雏形。作为在乡村大地实现设计专业价值的联合行动，必然要应对未来各种"变"的境遇，及解决各方需求"对立"的现实矛盾。

为推动初步成果的深化与落地，在各方的努力下，高校、地方政府与村民共同商讨，策划组织了"云上分享"系列活动。

"云上分享系列"第一期

第一期，安徽建筑大学、南京师范大学、江南大学的毕设团队，相继进行了初步方案的分享（图4-33）。

安徽建筑大学卜令峰老师团队，主要从服务设计的角度出发，通过分析用户就餐过程，结合养生宴就餐前、就餐中、就餐后三个部分进行视觉表现，对上述就餐体验部分的应用场景进行系统性的视觉设计，以期为"养生宴"的产业体系提供设计创新方案（图4-34）。

南京师范大学张博老师团队，从湖头村的产业现状出发，对湖头村的闲置公共用地，以创意市集的打造，为未来乡村的产业场景提供系列方案，并结合中医药的知识科普和乡村新零售理念进行提案（图4-35）。

图4-33
课程海报

图4-34
葛洪"养生宴"品牌
视觉应用

04 / 成品展示

图4-35
创意市集方案
效果图

　　江南大学姬琳老师团队，从"屋前檐下"——环境运行新模式视角，通过对乡村文化、产品、空间、功能的系统分析，对下畹村公共建筑空间进行设计推演和创意发散，同时以村店、村景、村品的系统思维，提出未来乡村产业振兴的空间美学方案。设计策略如下：

　　① 规划商业网点，形成动态商业街

　　针对目前下畹村商业点布局分散产生的商业结构紊乱等诸多问题，将商业网点重新规划，在选址街道中安插设计节点，形成动态商业街，改变功能形式单一的乡村商业空间，增强游客体验感受。同时，居住生活区与商业休闲区的划分也更加明确。商业街仅为人行道路，避免了人车混行的交通状况。

　　② 设计活化空间

　　根据目前下畹村商业点空间现状，发现存在部分空间老旧或闲置的问题，因此要通过设计活化空间，赋予废旧空间新的生命力，践行可持续发展的理念，缓解人地矛盾，实现社会效益。

　　③ 推动乡村旅游业

　　通过商业街的活化带动当地产业发展，促进下畹村旅游业发展，增加就业机会。

　　随后，各个导师对作品进行了点评，参与点评的指导嘉宾：

　　　　广州美术学院丁熊教授
　　　　江南大学姬琳副教授
　　　　南京师范大学张博副教授
　　　　苏州科技大学艺术学院副院长莫军华教授
　　　　苏州科技大学艺术学院华亦雄副教授
　　　　东华大学产品系系主任余继宏副教授

东华大学陈庆军教授
上海工程技术大学吴文治副主任、唐真副教授
安徽建筑大学卜令峰副教授
乡村导师代表、下畈村村监委主任周衍臣

参与乡聚毕设的100多名师生，虽然分散于长三角的12所大学，但都聚焦于宁海县的湖头村、下畈村，在不同的空间，在同一时间，围绕同一个乡村空间联合推出各类设计方案。而这一次，不仅仅是各高校自己的专业老师进行毕业设计指导，来自长三角甚至全国指导老师，以及乡村导师、媒体老师多方力量，汇聚成强大的指导老师团体，进行联合指导。同学们能听到各方意见，从不同领域汲取养分，既满足高校毕业设计实践与人才培养的要求，同时对接村民的落地需求，以此双向促进设计教育、乡村振兴事业的发展，体现了联合指导的价值所在。

从本次云分享的过程来看，联合毕设所面临的最大矛盾之一在于：

大学对毕业设计和毕业论文的要求，从创新性、前瞻性、系统性、完整性进行考量。

乡村对落地作品的需求，则立足眼前，更具体、便微观。

毕设同学必须在作品创意的品质保证和村民诉求之间进行平衡，面对土地的使用性质、资金预算、村民参与、在地材料使用等一系列问题的过程，恰恰是完成四年专业所学之后，成长为职业设计师要独立解决设计问题的一次演练！

课程感悟：

① 未来设计师，参与未来乡村建设

近日，"湖头—下畈"进入浙江省第二批未来乡村创建名单，此次毕设行动的落地村庄入选其中。60余名同学在创意与美学的世界思考乡村与未来、产业与共富，其中闪烁的青年创意力量，为乡村建设储备薪火。

② 未来村民的数字素养

乡聚毕设——线上云分享的过程中，村民们在手机端下载腾讯会议，与上海、南京、合肥等地的师生团队，相约探讨方案，展望未来，这恰恰体现了未来村民的数字化素养。手机作为数字化的"新农具"，将是"田秀才""土专家""乡创客"与外部世界的各个平台和系统进行连接的重要工具。未来村民在数字乡村的世界，连线全球获取资讯进行创业、销售，同时讲述中国乡村的故事。这应该就是乡村未来的模样（图4-36）。

图4-36
乡村导师周衍臣
线上指导

"云上分享系列"第二期

　　湖头—下畈作为浙江省第二批未来乡村创建示范村，在此次联合毕设一系列线上分享中，村民通过腾讯会议与上海、浙江、合肥的高校师生团队相连，在下畈村的合欢樟广场，呈现了未来乡村智慧场景。4月27日，乡聚·毕设——2022长三角艺术振兴乡村高校毕业设计联合行动的第二期作品分享如期举行。再次，湖头—下畈与长三角的高校相连。

　　第二期的分享由东华大学、浙江工业大学、安徽大学三所高校团队带来五组毕业设计作品（图4-37）。

图4-37
课程海报

东华大学的王宣宣同学，以《现代插画及衍生设计在乡村传播中的方法应用研究》为选题，插画以下畈村的代表符号元素合欢樟为主体，结合春夏秋冬的季节场景进行主题创作，内容围绕地方人情风土、乡村人物，以及其他周边风景、装饰等村庄元素展开设计（图4-38）。

图4-38
插画的衍生应用

高校导师陈庆军教授指出，下畈村的合欢樟是生命之树，它是下畈村的超级符号，后续的设计应围绕樟树的主体形象，以春夏秋冬为时间主轴，解读村民、游客等各个群体的核心诉求，针对产业、传播等场景进行系统的视觉营造。浙江工业大学田密蜜教授提出在地化的重要性，设计内容应更具识别特征。上海工程技术大学刘剑伟副教授建议可以关注北京故宫博物院藏董棨的《太平欢乐图》，从中获取更多灵感。

下畈的艾草馒头、湖头的状元糕以及乡村麦饼，作为乡村美味，是乡村美食产业化的重要基础。东华大学周瑾宇同学的《基于地域文化元素的艾草馒头产品文创设计》选题，选择具备产业基础的艾草馒头作为设计对象。基于前期的实地调研和竞品分析，以健康饮食作为品牌的定位展开设计，设计内容包括艾草馒头的品牌形象、包装，以及艾草馒头的IP延伸产品（图4-39）。

图4-39
艾草馒头地域推广海报

为了打造未来乡村的未来邻里场景，利用公共空间和场所，改造提升配套设施，建好村民茶余饭后互动交流的"乡村会客厅"，浙江工业大学陈正钰、平雨涵的选题《"归于乡野"——宁海县下畈村民宿空间设计》，不止以居住空间的设计为目的，而是充分考虑了具备社交、体验等多功能的公共空间。该选题不仅对在地材料的使用进行精细考量，在功能区块的规划上，结合室内外空间情况，设定了茶文化体验、手工作坊、农耕体验、竹林观影、露营野餐的区域（图4-40）。

高校导师田密蜜教授表示，选题对室内建筑和庭院景观进行整体规划，以48小时的活动策划作为设计的策略和思路，公共空间应是对外文化展示和交流体验的综合体，将居住空间"让步"，以公共空间的经营带来产业增值。东华大学产品设计系主任余继宏副教授在作品点评时建议：民宿经营应实现在地村民、政府、游客的共赢。该设计选题得到乡村导师的高度认可，村民表示将协同高校推进该方案的深化和落地。

图4-40
民宿空间效果图

安徽大学李啸天同学分享的选题《基于公共参与的乡村公共空间优化策略——以宁海湖头村为例》，针对湖头村废弃的公共空间，结合儿童娱乐、老龄活动的需求，以养生广场、儿童乐园、观影广场的实际功能为导向对空间进行优化设计。汤畅同学以《乡村儿童户外活动空间设计——以宁海下畈村为例》为选题，从儿童游戏、自然教育的理念出发，结合场地空间的特点，设计孩童攀爬体验设施，并以"松"主题的科普手作，打造手工体验区域（图4-41）。

乡村导师宋雪认为，方案对空间的需求分析准确，儿童娱乐设施的设计应充分考虑安全性，其次要将售卖空间纳入设计范围，将产业和娱乐体验整体规划设计。

图4-41
童趣下畈效果展示

参与分享的指导嘉宾：

浙江工业大学田密蜜教授

华东理工大学谭睿光高级工程师

上海理工大学杨潇雨老师

上海工程技术大学吴文治副教授

上海工程技术大学刘剑伟副教授

安徽大学陈泓副教授、赵走契老师

安徽建筑大学卜令峰副教授

东华大学产品系主任余继宏副教授

东华大学陈庆军教授

岔路镇宣传委员 章建斌

下畈村联村干部 宋雪

湖头村：葛招龙、葛子恒

下畈村：葛兴伟、李恒产、周衍臣

此次活动过程，湖头村、下畈村民的乡村导师在大樟树下参与了指导
（图4-42）。

图4-42
线下参与指导的村民导师

"云上分享系列"第三期

元宇宙的未来，湖头、下畈具有怎样数字形态？
葛洪养生操的动效艺术，如何通过村头大屏向游客展示？
中草药的种子在村里有一个展示馆；
窑厂树林旁边的林间阅读书屋；
湖头村的专属装饰图形系统；
……

一系列关于未来乡村的提案，在"乡聚·毕设——2022长三角艺术振兴乡村高校毕业设计联合行动"的第三期作品分享上展开。4月29日下午，由合肥工业大学建筑与艺术设计学院、苏州科技大学艺术学院两校团队带来8个选题的作品分享（图4-43）。

图4-43
课程海报

由蔡飞、宋蓓蓓老师指导的李炊遥同学以《葛洪养生术推广IP及衍生文创设计》为选题，对葛洪文化背景进行调研，以年轻化、时尚化为创意方向，结合湖头村的历史遗存、葛洪道家文化、中医药文化、养生文化展开设计。IP形象针对在地元素，对服饰纹样、发髻、动作、身体的各部位体征等进行多次优化，将葛洪养生术的12图式，以小动效的方式呈现。后续将完善3D的场景动效，以及卡片、钥匙扣、盲盒、T恤等衍生文创（图4-44）。

　　景观方向，由郑志元主任指导、王馨唯同学作为团队代表，进行《本草汇乡脉·湖头焕新生——乡村振兴背景下湖头村空间品质提升景观设计策略及应用研究》的选题分享。选题深度剖析村庄文化、空间、产业方面的现状问题，以激活传统文化、整治空间、盘活产业作为设计的行动指南，以康养、养生、休闲、科普、度假为内容，进行整体、系统的设计和规划。方案针对湖头村提出"一轴、两环、三点"的生态空间规划体系，设置了综合服务区，以及中医药的文化体验、疗养、度假、种植、药材加工、文创等共七大板块；针对建筑公共空间、宅间的道路、居民庭院，提出相应的空间品质提升策略；以节点串联形成了乡脉言传、药香弥愈、书林叶茂三大主题的旅游路线（图4-45）。

图4-44
葛洪IP盲盒效果图

图4-45
效果图

　　东华大学陈庆军教授提出，视觉传达方向，葛洪养生术的动效演绎、文创衍生是设计的亮点，并指出时尚化、年轻化的重要性。设计内容可以在村口的大屏幕、民宿空间等多个场景传播和应用。环境艺术方向，方案的系统性、完整性值得学习，后续可协同在地村民的力量，利用村子的材料和工艺，先推进庭院方案的落地。

　　视觉传达专业方向，姜建平同学进行三个选题的分享（莫军华教授指导）。《浙江宁海湖头村民间图形设计与应用》的选题，主要从两个方面进行展开：一是，研究和学习埃舍尔的图形设计作品，将变形、同构的设计手法应用到湖头村的纹样、图案。二是，重新诠释湖头村民间图形，探索传统纹样和图案背后的审美价值、吉祥寓意。后续设计成果的推进，将应用至枫湖庐民宿、葛洪养生宴等具体场景。打造专属于湖头村的乡村图形系统，符合未来乡村的整体美学体系，这在中国乡村应该是首次（图4-46）。

图4-46
湖头村民间图形的
设计转化

《浙江宁海湖头村葛洪养生小镇品牌策划与推广设计》选题，以葛洪养生文化为出发点，以国潮国风的创意理念，进行系列设计和延展应用。方案中的IP形象设计采取水墨的手法，以拙朴的笔触绘制，凸显养生小镇的传统与淳朴的民风。《浙江宁海"湖头村"品牌形象设计》，运用点线面结合的方式对品牌形象系统设计，应用至湖头村环境景观、产业场景的各个方面（图4-47）。

图4-47
IP 形象设计

裴子辰同学带来环境设计方向三个选题的汇报（华亦熊副教授指导）。《基于元宇宙背景下的浙江宁海湖头村环境设计》选题，结合元宇宙的数字技术特性，从未来乡村的视角，充分考虑乡村的智慧场景。方案的呈现中，不仅将乡村的石狮、木雕等古旧且具备艺术价值的物件，制作湖头村特色的数字藏品，进行云端的展陈和销售；而且将百草园的空间重新利用，建造中草药种子展览馆，同时，利用手机终端与前端的农业设备进行联系，实时监控植物种植的水分、阳光，以及生长状况（图4-48）。

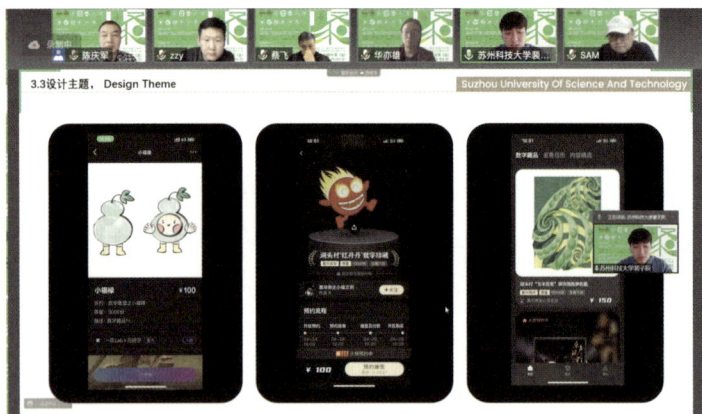

图4-48
苏州科技大学裴子
辰同学正在分享
毕设选题

《浙江宁海湖头村商业空间节点的环境设计》选题，以"阡陌崎间"的主题民宿设计展开，设定居住、休闲等功能模块，充分考虑在地文化、在地材料的运用，旨在打造在地艺术气息的商业空间。《浙江宁海湖头村养生养老居住空间环境设计》选题，结合环境空间的特点和养生养老的需求，设计了玻璃林间书屋、老年休闲活动中心等方案。

合肥工业大学环艺系主任郑志元副教授认为，同学们对于未来乡村、元宇宙的思考，以及方案的呈现都比较系统和细化，工作体量也值得肯定。东华大学产品设计系主任余继宏副教授指出，联合毕设对推动后续方案的落地具有重要的价值和意义，环境、产品、视觉、数媒的多个专业方向融合更加紧密，方案的呈现将更为完善和系统。南昌大学汤翔燕副教授提出，未来乡村的设计方案非常创新，但应更生活化、在地化，环境设计应更多地与建筑、城规的同学展开合作，增加更多理性的元素。

院校导师与点评嘉宾：

合肥工业大学建筑与艺术学院郑志元副教授
合肥工业大学建筑与艺术学院宋蓓蓓副教授
合肥工业大学建筑与艺术学院蔡飞老师
苏州科技大学艺术学院副院长莫军华教授
苏州科技大学艺术学院华亦雄副教授
华东理工大学谭睿光高级工程师
江南大学设计学院姬琳老师

南京师范大学美术学院吴振韩教授
安徽建筑大学卜令峰副教授
南昌大学汤翔燕副教授
东华大学产品系主任余继宏副教授
东华大学陈庆军教授

"云上分享系列"第四期

乡村电商场景如何体现乡村美学？
村头旧砖窑厂如何焕发新的生机活力？
村里的慈孝文化怎样转化为村头景观方案？
滨水景观设计能否将湖头、下畈连接？
……

　　联合毕设行动持续推进，5月6日，浙大宁波理工学院、上海理工大学、上海工程技术大学三所高校，相继带来11个毕设选题的分享。再一次，下畈村合欢樟下的大屏幕前，枫湖的乡亲们和长三角高校的师生团队进行线上相聚，在毕业设计作品中共话未来乡村建设（图4-49）。

图4-49
课程海报

由王欣凯老师指导，张哲、吴怡哲团队带来《宁海县岔路镇乡村5分钟品质文化圈规划与重要节点建筑设计方案》的选题分享。

张哲以"半郭半乡村舍，半山半水田园"为主题进行设计。对湖头村的乡村旅游资源、空间环境等分析，提出"两个主线，一个中心，四个主题"的规划理念。对文化、生态、生活、产业四个方面的需求分析，将时节养生、民俗生活体验等内容融入设计，设定手工艺馆、中医馆、临时展厅、艺术馆、餐饮、书吧、茶馆、作坊等功能空间。

吴怡哲同学的"绿屿青舟"主题设计，立足于湖头村的滨水空间，湖头村是传统文化交流体验区，下畈村是养生文化体验区。规划设计以村庄的文旅体验升级为导向，将农事研学新体验、乡野文创新消费、文化空间展示纳入范围，内容包括基础设施整治、公共服务设施增设、景观节点打造、公共空间设计等。方案中村民服务中心的设计，将精品主题售卖、孩童互动体验、休闲游憩等功能综合考量（图4-50）。

图4-50
"绿屿青舟"方案
效果图

由王志蓉老师指导的吴冠辰、陈科伦团队带来《宁海县岔路镇乡村产业振兴规划与重要节点建筑设计方案》的选题分享。

吴冠辰为湖头村、下畈村设计集农产品展销、电商直播于一体的物流中心，并结合村庄的产业展开。设计内容包括摄影楼、五匠非遗文化馆、养生文化馆、土窑展示体验馆、物流中心和自由集市等五大空间。设计方案注重对乡村本土的设计元素的提取，比如将瓦片做成窗子及立面的装饰，以竹子丰富建筑细节。此外，针对乡村产业，提出道养小镇、葛氏家宴等文化IP，展开品牌创意（图4-51）。

图4-51
物流中心效果图

陈科伦的设计方案主要从三个方面进行：一是，对闲置荒地利用，焕发活力，以此进行场馆的建设；二是，对荒废田地，进行商业的引入，包括商业街和影视楼的设计；三是，建筑和口袋公园设计，从建筑之中延伸出漫步空间。另外，他针对村庄的木匠传统、葛洪养生宴，提出产业链的设计，利用品牌打造，增加产品的辨识度。

高校导师王志蓉副教授提出，首先，同学们对乡村文化内容的了解和分析较为细致，作品完成度很高，但是不要试图把所有的理想都落在乡村，应该让乡村有更多的留白，让村民通过自身的生活、生产体系来完善。其次，项目与安徽建筑大学在乡村品牌的研究方面，进行了实质性的合作，以此强化项目落地建设的可行性。

高校导师王欣凯副教授指出，同学们的设计充分发挥了想象力，参加联合毕业设计是磨合与尝试的过程。联合毕设中各个专业的视角各异，形成了看待乡村未来不同的想象，这也是联合毕设的价值。

东华大学陈庆军教授认为，浙大宁波理工学院师生对方案的重视程度高，具有较强的综合性、系统性、逻辑性，本土的团队对于村庄的产业、文化的需求理解更到位，后续也是推动方案落地的重要力量。

由杨潇雨、郭谌达老师指导的毕设团队带来系列分享：《道炁·乡存——湖头村葛洪养生文化主题景观设计》《"艺嚮新蔓"——宁海岔路镇湖头村创意集市景观设计》《"缓息"——湖头村休闲游憩场景空间设计》三个选题围绕砖窑厂遗址展开设计，由李季雯汇报；胡琬欣以《药圃田园·枫湖里——湖头村休闲游憩空间景观设计》为选题进行分享。

　　李季雯的方案汇报分为前期分析和方案设计两个部分。方案对区位、基地、景观特点进行分析，以葛洪养生文化为核心，立足湖头村的地域资源优势、产业技能展开设计（图4-52，图4-53）。设计方案包括葛洪养生文化的主题景观、砖窑文化区、树林康养区、休闲娱乐区、新蔓创意集市、儿童活动区。方案对餐饮、文创、研学等多样化的产业空间，以及稻田体验、阅读、野营、售卖等功能空间详细解读。空间布局规划策略如下：

　　① 根据湖头村的原有空间布局、地形地貌、风景资源等要求，设计中将窑厂的所在区域视为葛洪人文景观核心区，该区域位于湖头村西北。以北正对三十六郎山，山脚下地形平缓、风景好、视线宽广、道路简单。同时，在此设置葛洪文化广场、砖窑传统产业展示馆、农产品与工艺品展示等，形成全村的传统文化景观中心。

图4-52
砖窑文化区节点

图4-53
方案鸟瞰图

② 田野景观区。针对已有的耕地资源，并利用丰富多样的自然地貌条件，将其规划为"田野景观观光区"。在原有农田周围，根据已有的耕地合理扩大规模、整改形态和植物配置，让游客和当地居民可以行走在田野间。

③ 葛洪文化区。结合葛洪养生文化，设置小广场、雕塑、休息区等，为人们提供学习、观看、体验葛洪养生文化的空间。

④ 砖窑文化区。位于作为中心区域，除了展示文化，也有着集散、举办活动等功能。改造原来的砖窑和砖窑外的小棚子，新设置了一个外形类似砖窑的小建筑，作为文化展示体验区。

⑤ 植物康养区。以植物景观为主，种植梅花、竹林、观赏药材等。穿插小路，营造幽静惬意的氛围，并设置林中廊架、亭子、流水等供人休息、观赏。

胡琬欣的选题在湖头村的百草园。设计方案的定位：打造集中医草药知识普及、种植体验和葛洪养生文化、养生食品体验为一体的乡村公共空间。旨在以葛洪养生体验项目，塑造魅力空间来吸引游客游览观光，并借此打造成湖头村的标志公共空间。方案将葛洪养生术、中药药膳、特色糕点的体验、制作、品尝融入，充分考虑休闲、运动、赏景、社交等功能（图4-54）。

图4-54
百草园鸟瞰图

高校导师杨潇雨老师认为，将方案聚焦场地资源保护和利用，突出乡土景观特色，也是希望以务实的成果，取得村民的认同，和村民一起推动方案落地。

刘剑伟老师指导的陈宇昊以《浙江省宁海县下畈村入口处景观设计》为选题。设计方案将下畈村的慈孝乡村文化，转化为童玩休闲体验空间、形成特色文化的乡村属性，强调生态、舒适的功能需求。从枫湖鸟瞰的水系形态提取元素，并对水系的形态进行抽象和推演，形成场地设计的轮廓范围。此外，从古樟树、乡土材料中汲取灵感，对古井的装置、村口入口标识形象等进行设计和优化。

周雨蒙以《浙江省宁海县下畈村、湖头村公共设施设计》为选题。挖掘了下畈村和湖头村的合欢樟、冲虚树，凝练出树下的创意理念，形成"廊下"的设计方案，整个廊架采用上下四个层次构成，注重使用当地的毛竹材料。方案充分考虑拍照打卡、休闲休憩、交流洽谈、孩童游乐、遮阴挡雨等功能。

郝柔柔以《浙江省宁海县湖头村、下畈村滨水景观设计》为选题。以共生共融的理念，通过设计作品，将湖畔两岸的村民进行连接。通过空间、功能、交流的连接，活力、动感、功能的激活，以文化的挖掘，设施、节点的设置，传承本土文化，营造场所精神（图4-55）。

图4-55
方案效果图

乡村导师宋雪对滨水景观方案高度认可，但提出需要考虑材料、尺寸、气候等因素，以保证装置和设施的安全性、耐用性。高校导师刘剑伟副教授指出，方案后续会进一步和村民协商细化和优化，包括对于美观的考量、设计形态的表达、在地性特征的融入等。

参与点评的指导嘉宾：

上海理工大学杨潇雨老师、郭谌达老师
上海工程技术大学刘剑伟副教授
浙大宁波理工学院王欣凯副教授、王志蓉副教授
东华大学陈庆军教授
下畈村联村干部宋雪，村支书周方权
湖头村乡村导师葛为田
线下参与分享的其他乡村导师

第三节
联合公开课

设计院校的毕业设计课程，较少针对性地教授理论内容，在实践教学部分，也是根据具体的课题情况指导推进。但实际上，设计思维和创作的过程，是不断反思、修正和迭代的过程，加之毕业设计推进的时间周期较长，学生有足够的调整和试错的空间。在毕业设计环节，以公开课的形式，强化理论教学，可以在分析问题、解决问题的各个层面，予以学生们更多地思考和启发。

联合毕业设计开设联合公开课，结合不同的选题板块，针对同学们在毕业设计推进过程中所产生的疑惑，以理论教学、案例分析等形式授课，为毕业设计提供实质性的指导。联合公开课为师生提供了一个开放的学习平台，实现优质教育资源共享和链接。

课程记录（一）："乡村设计的政策背景与理论视角"论文与设计指导公开课

时间：2022年3月10日

地点：东华大学、线上

授课主题：乡村设计的政策背景与理论视角

授课导师：陈庆军（东华大学服装与艺术设计学院教授、博士生导师）

陈庆军教授以"乡村设计的政策背景与理论视角"为主题，结合前沿的乡村设计理论和政策展开分享，为同学们的论文撰写提供指引和参考。分享过程中，陈教授详细解读了《乡村振兴战略规划（2018—2022年）》《中共中央国务院关于支持浙江高质量发展建设共同富裕示范区的意见》等相关政策文件。之后，结合同学们的毕业选题方向，对社会创新设计、场景理论、事理学方法论、共生理论、场所精神、地方创生、长效设计等与乡村设计的具体联系，以具体实例展开了系统的阐释和讨论。在讲座中，陈教授还指出"在毕业设计创作、毕业论文撰写的过程中，应注重社会创新思维，从多个理论视角对选题进行审视，选取合适自己方向的理论参考和方法"（图4-56）。

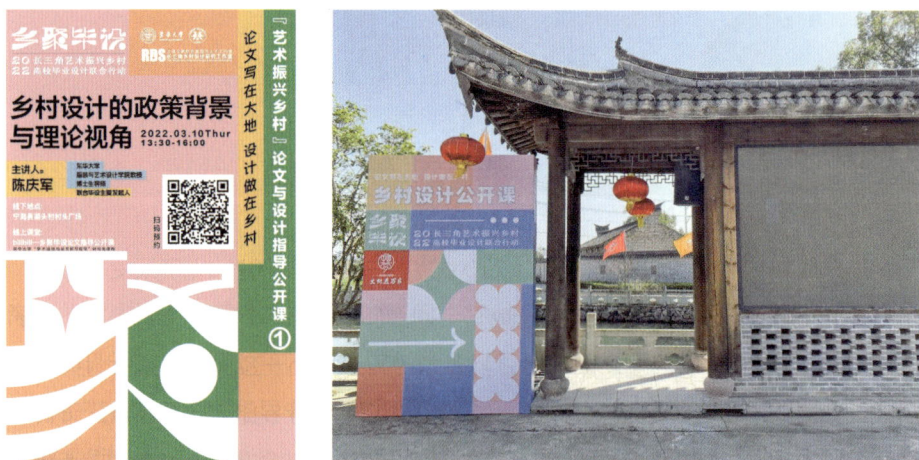

图4-56
东华大学陈庆军教授
公开课海报

课程记录（二）："如何策展人类世的乡村景观？"主题讲座

时间：2022年4月29日

地点：苏州科技大学、线上

授课主题：如何策展人类世的乡村景观？

授课导师：莫军华（苏州科技大学艺术学院主持工作副院长）

莫教授从哲学思辨视角，以策展思维对乡村景观从艺术景观、自然景观、资本景观、商业景观等角度进行解构，深入探讨艺术家和村民、当代艺术和乡村资源等关系，对当下各种形式的艺术和设计乡建活动进行批评和思考。讲座内容对于此次联合毕设作品的内涵提升，以及毕业论文的理论支撑，具有重要意义（图4-57）。

图4-57
苏州科技大学莫军华教授
线上讲座截屏

课程记录（三）："基于地格的乡村振兴设计"主题讲座

时间：2022年11月1日

地点：浙江省宁海县西店镇、线上

授课主题：基于地格的乡村振兴设计

授课导师：周武忠（上海交通大学设计学院教授、博士生导师）

11月1日晚，上海交通大学周武忠教授在浙江宁海西店镇，带来"校地融合与联合指导"系列课程的首场讲座。周武忠教授以直播的形式，与参加"2023全国联合毕业设计"的师生进行连线，分享了在助力乡村振兴方面的策略与经验，为同学们的毕业设计创作、毕业论文提供灵感（图4-58）。讲座的题目是"基于地格的乡村振兴设计"。

图4-58
上海交通大学
周武忠教授线下
讲座现场

周武忠认为，地脉和文脉相融合形成的一个地域的整体风格就是"地格"（site character），每个地方都应该有它独特的"地格"，就像人总要有品格一样。

对于乡村振兴设计而言，地格由乡村环境的自然性和历史文化的原真性融合而成。保存好一个地方的"地格"是留住乡愁、创造个性化的新景观和培育特色产业的前提和基础。周武忠认为"乡村设计"与"乡村振兴设计"两个概念并无什么本质上的区别，都是基于地格的整体设计，属于"地域振兴设计"的范畴。乡村的发展离不开城市，应该统筹城乡资源，用设计让好资源在乡村振兴实践中发挥好效益，设计蝶变乡村。

周武忠教授广征博引国内外在乡村景观、产业品牌、环境治理、农业旅游、劳动研学等方面的成功案例，以其自身丰富的专业背景和学术经历，从3A景观哲学、新乡村主义、东方设计学等设计理论高度，阐述了基于地格的乡村振兴整体设计观，并希望设计教育界的同行们共同开设"地域振兴设计"课程，为全面实现乡村振兴培养高质量的设计人才。

授课导师简介：

上海交通大学周武忠教授
全国联合毕业设计学术委员会主任、首席导师

　　周武忠是上海交通大学二级教授、博导，上海交大创新设计中心主任，旅游与景观研究所所长。原上海交大设计系主任，兼任国际设计科学学会（ISDS）主席，住建部国家风景园林专家，民革中央人资环委员，上海市政协委员，全国联合毕业设计学术委员会主任、首席导师。

　　中国优质农产品开发服务协会副会长兼休闲农业与乡村旅游分会会长，中国花卉协会花文化分会会长，江苏省旅游学会创会会长、名誉会长，中共江苏省委、省政府决策咨询专家。自1993年起投身乡村设计和建设实践，提出"新乡村主义"规划设计和建设理念，创立"濂溪乡居"乡村振兴综合设计品牌，目前正致力于推进国际乡村设计师制度。

第五章

形式延伸：
成果与转化
的赋能

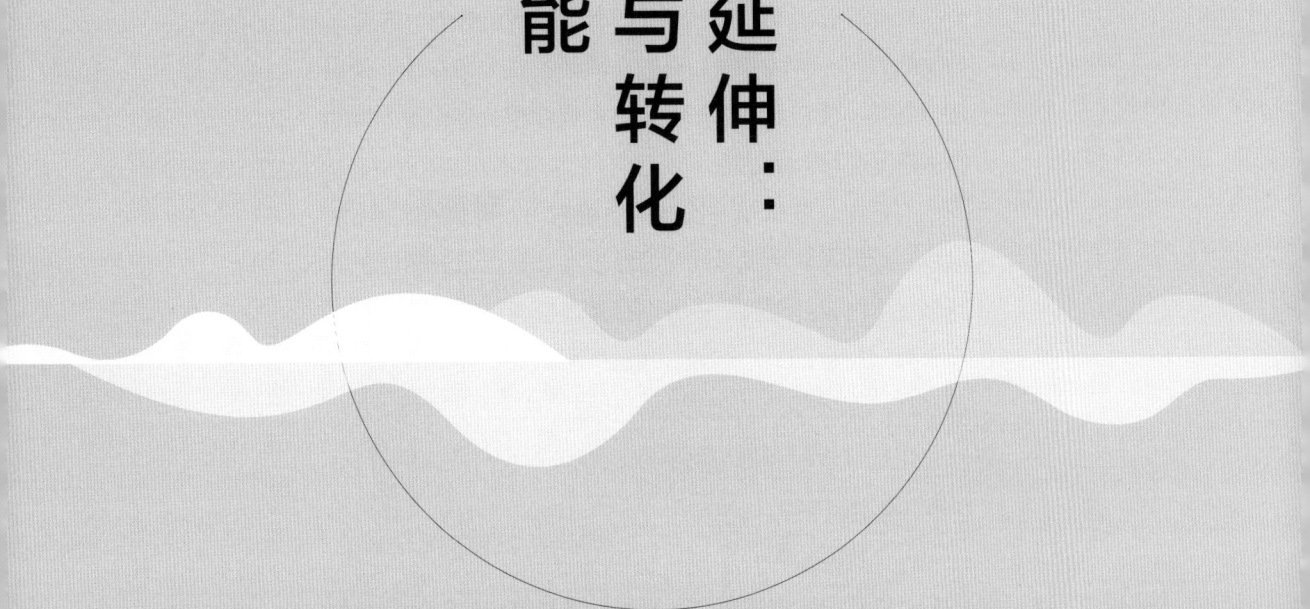

毕业设计成果检验，既是对教学效果的检验，也是对方案落得可行性的评估。在这个阶段，联合毕业设计采用联合答辩、联合展览的形式，多方利益相关者，对方案的推进情况进行综合评判。

实际上，联合毕业设计更像编织了一张网络，企业、高校、政府等各个主体的社会资本能够在这张充满能量的网络之中汇聚和连接。一方面推动高校与地方联动共建了一个教学平台；另一方面，通过组织联建、阵地联办、资源联合、活动联手、情感联通，构建了发展的共同体。

在联合答辩和展览的阶段，通过各方对方案的评估，以孵化创业、促进作品落地等形式，实现毕业设计教学成果的价值转化。教学和人才工作也在这个阶段融合了起来，比如，在2023年的联合毕业设计展览现场，高校与地方搭建了就业创业平台，开展校企产学研对接、就业对接等各种活动，联合毕业设计正在成为驱动地方发展的新引擎。

第一节
另一种答辩

区别于在各个高校开展的答辩活动，联合答辩由高校导师和地方的乡村和企业导师共同组成答辩评审委员会，在乡村、企业现场答辩，通过路演情况对方案进行综合评价，主要是从表述逻辑、融合性、在地性、创新性、落地性五个方面的维度进行考察（图5-1）。

2023 联合毕业设计课程答辩评分表

| 序号 | 路演人员 | 院校 | 作品名称 | 评分标准 | | | | | 总分 |
				表述逻辑 （10分）	融合性 （15分）	在地性 （25分）	创新性 （25分）	落地性 （25分）	（100分）
1	尹**	华东理工大学	乡村振兴战略背景下西店镇品牌形象设计研究与应用						
2	蒋*	苏州科技大学	"寻味宋韵" 浙江岭口村主题文创产品设计						
3	李**	东华大学	地域文化背景下的西店镇IP形象与文创产品IP设计						
4	洪**	江南大学	宋韵阗风——宁海岭口村夜游主题体验空间设计						
5	**团队	合肥学院	后疫情时代家庭清洁消杀鞋柜设计						
6	雷*、江**	安徽建筑大学	宋式生活美学与新时代国学研学旅游场景的时空对话						
7	滕*	广州大学	地域餐饮品牌设计研究——以西店蛋炒饭为例						
8	刘**	东南大学	宁波市岭口村宋韵文化主题系列产品设计						
9	林**	上海工程技术大学	宁海县西店镇 "文化驿站" ——城镇书吧室内设计						
10	黄**	东华大学	岭口村公共景观设计						

图5-1
联合毕业设计答辩评审样表

评分标准解析：1.表述逻辑--答辩过程的流畅性、论证的合理性；2.融合性--与村民、企业的沟通与交流情况、在地时长等；3.在地性--与当地资源、实际需求的结合情况；4.创新性--选题是否立足前沿/符合国家方针政策，在技术/材料/场景等方面的创新应用情况；5.落地性--方案是否被采纳或取得认可，可实施性/落地情况等。

课程记录：全国联合毕业设计终极答辩

时间：2022年6月、2023年6月
地点：浙江省宁海县

（1）乡村答辩

在盛夏的六月，一切工作已经准备就绪。2022年6月22日，各方期待已久的 "乡聚毕设" 枫湖毕业季在浙江宁波宁海县岔路镇湖头村的枫湖庐、下畈村的大樟树下，拉开大幕。与在湖头村的枫湖庐、永兴堂，下畈村的大樟树下三个展区的毕业作品展览同期进行的还有毕业答辩（图5-2）。

图5-2
湖头村、下畈村答辩
现场

　　"我的毕业设计是在下畈村露营基地里打造一个阳光书屋，是为村庄引流而设计的一个网红打卡点，书屋全部用组装式的建材，可随时挪位置，现在主体结构已完成了80%……"苏州科技大学的毕业生蔡万权正兴奋地阐述他马上就要竣工亮相的毕业设计（图5-3）。

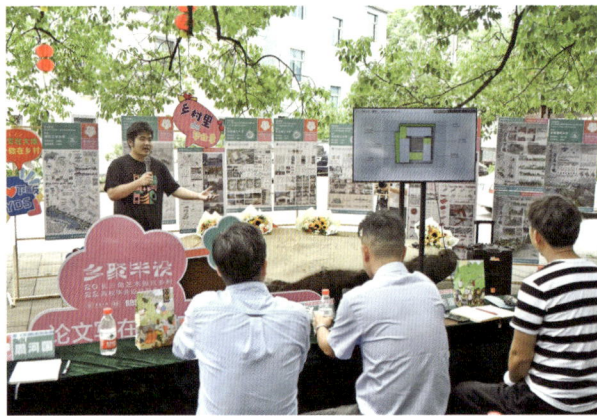

图5-3
苏州科技大学蔡万权
同学正在陈述毕业设
计方案

与以往毕业设计不同的是，此次毕业设计由乡村导师、高校导师、企业导师组成的导师团来评分，毕业作品要落地，不仅要过高校导师关，还要过"乡村导师"关。打分标准，也从单独的学术探究，延伸到商业价值、方案落地等多维度的考量，也更考验学习的实操能力。

"你的设计中，枫湖景观的河边护栏高度一是有没有考虑过小孩的安全性？二是遇到洪水时怎么办？"在下畈村大樟树下，乡村导师周方权在听了安徽建筑大学王骆安琪的毕业论文《基于地域文化叙事的传统村落公共空间设计——以宁海下畈村为例》后，提出了自己的想法。"这方面的确有疏漏，整个设计太注重美观等因素，没有考虑到当地的气候影响。"王骆安琪坦诚方案中的不足，表示和乡村导师进一步探讨后对设计进行调整。

实际上，本次的毕业设计答辩所设定的企业导师也兼具导师、投资者的"双重身份"，一方面是对作品进行商业价值维度的评判、指导，另一方面，是让企业导师挑选方案，对有价值的方案进行商业转化。在湖头村，来自东华大学的毕业生向蓉的作品——《基于葛洪养生文化的盲盒IP形象设计》，让企业导师蒋新连下场"抢设计"（图5-4）。

图5-4
毕业设计盲盒IP形象
系列产品

蒋新连是宁波优和办公文具有限公司总经理，他们企业生产的是卡套类文具，植入多款动漫IP后，原先只能卖3.5元的卡套卖到了12元，他打算将这款毕业设计作品与文具产品进行了结合，比如将葛洪养生操的十二个经典动作，设计到卡套、笔筒中，作为湖头村乡村旅游的伴手礼。"我建议，拓展葛洪其他的化学家形象都可以进行拓展，其次也可以更深入的养生医学内容方面的IP探索……"蒋新连兴奋地说道。

这一次，在村子里的答辩呈现不仅有好玩的、有趣的、好看的、好卖的，还有"可以吃的毕业设计"。安徽建筑大学常浩东毕业设计作品《设计赋能乡村特色餐饮的产业升级探索——以湖头养生宴的视觉系统设计为例》在村民家的庭院枫湖庐进行答辩，在答辩之前，常浩东早已与户主商议好准备的养生菜品。答辩时，这与村民共同创作的、别样的毕业设计作品，吸引了村民、导师等各方驻足打卡、围观，评委们纷纷品尝了起来（图5-5，图5-6）。

图5-5
安徽建筑大学常浩东同学正在汇报"养生宴"方案

图5-6
毕业设计作品展陈现场

中国人民大学艺术学院副教授丛志强指出："从他们的这个答辩的陈述里边也能听出来，他们是很用心的，用这么长的时间调研，一直去构思，和导师交流、和村民交流、和乡村导师沟通，然后展现出这么好的方案，探索乡村振兴和共同富裕一个特别好的路径。"（图5-7）

图5-7
中国人民大学丛志强副教授在答辩现场向学生提问

（2）毕设嘉年华

67所高校，425人名师生，264件作品……2023全国联合毕业设计宁海毕设嘉年华在宁海县来IN南青年互联社区圆满落幕（图5-8~5-11）。

图5-8
联合毕设嘉年华海报

图5-9
联合毕业设计嘉年华答
辩组合影

图5-10
东华大学唐梦菲同学现
场答辩

图5-11
苏州科技大学艺术学院
副院长莫军华教授点评

第二节
联合展览

　　联合展览是一次"大阅兵"，大部分高校毕业设计要求学生有完整的方案模型或样品，通过集体展陈的形式，进行比较，这也有利于对成果进行最直观的评估。在联合展览环节，评审团对方案逐一审看，对方案在现场进行分类论证，遴选优异方案进行落地生产或投入使用。

课程记录：联合毕业设计大展

　　时间：2022年6月、2023年6月
　　地点：浙江省宁海县

　　2022年全国联合毕业设计的展览在乡村进行，村子里，部分师生早已迫不及待地提前来到现场，他们在乡村的田间地头、巷道、广场、大树下、院子里触摸自己的作品、与作品合影打卡，乡亲们也满怀热情的"接待"各种来宾、与邻里讨论着关于乡村未来的设想（图5-12，图5-13）。

图 5-12
枫湖毕业季展览主视觉

图 5-13　作品在广场、院子展陈

　　2023年全国联合毕业设计的展览形式进行了延伸以"嘉年华"的方式举行了系列活动，除了全国联合毕业设计大展之外，活动同期还包括中国答辩、艺术产业人才供需对接会和毕设青春歌会等内容（图5-14）。

　　来自东华大学、东南大学、江南大学、南京师范大学、华东理工大学、合肥工业大学、安徽工程大学、浙江工业大学、浙大宁波理工学院等高校师生，与宁海县委宣传部、县委人才办、县教育局、县人力社保局、县城投集团、西店镇等相关部门领导、以及村书记和企业家代表共同见证了这场别开生面的毕设盛会。

　　展览现场，参观者络绎不绝，来自各高校的优秀毕业设计作品精彩纷呈。面向艺术乡建、城镇更新、红色党建、企业创新、地域IP五个方向的毕业设计作品，无一不展示着毕业生们的创新思维和设计才华。学子们通过专门的展区和展台，向观众们展示了他们的创意和成果，并与各界专业人士进行了交流和互动（图5-15）。

图5-14
首届全国联合毕业设计
大展开幕剪彩

图5-15
展览现场

　　经过前期紧张的展览初评、答辩复评等各个环节，活动现场开出77项大奖，东南大学刘楚煜同学的《宁波市岭口村宋韵文化主题系列产品设计》作品摘得全场桂冠（图5-16）。2023全国联合毕业设计中的6件作品与企业、乡镇在现场进行落地签约。

图5-16
东南大学刘楚煜同学毕
设之星大奖作品

　　艺术产业人才供需对接会同期举行。对接会为毕业生们提供了解行业和就业机会的重要平台。各大企业和机构的代表与学生们面对面交流，洽谈合作，旨在推动毕业生就业和艺术产业的蓬勃发展（图5-17）。

图5-17
校企对接会

　　嘉年华的最后一个环节是毕设青春歌会。青春歌会由学生们组织并演出，他们唱响了青春的旋律，以动人的歌声表达对青春的热爱。整个嘉年华活动，在青春激扬、欢快的氛围中结束（图5-18）。后续进入持续推进毕业设计作品落地的环节。

图 5-18
毕设青年歌会

第三节
价值转化

　　将校内外课堂结合，加强课内外一体化设计，提倡实践育人，以服务社会为导向，"联合毕业设计"是对"毕业设计"实践课程的延伸和补充。在教学实施过程中不断创新，"联合毕业设计"的相关探索也因此入选"第一届中国当代乡村设计提名展"、《设计的力量：全国高校设计赋能乡村振兴创新案例》集，获得"纺织之光"中国纺织工业联合会高等教育教学成果奖二等奖、上海市高校教师教学创新大赛一等奖等教研成果（图5-19）。

"纺织之光"2023年度中国纺织工业联合会纺织高等教育教学成果获奖名单

序号	成果名称	完成人	完成单位	获奖等级
409	"四位一体"导向的高校计算机实验室全视野安全管理体系的探索与实践	张红、石秀金、李悦、李炜、陶然、王伟、沈继成、赵卫花、吴微	东华大学	二等奖
410	数字技术赋能专业发展——产教融合课程共建模式研究与实践	王琳、杨秀霞、于述平、敖文翠、曹敏朵、郑亚敏、刘丽丽	大连艺术学院、辽宁轻工职业学院	二等奖
411	轻工纺织院校科研·创造合的12444立体多维的大学生创新创业能力培养的改革与实践	刘志文、于欣、陈晓君、王燕燕、张锐	大连工业大学	二等奖
412	联合毕业设计	陈庆军、余继宏、周之澄、沈琢、冯鸣阳	东华大学	二等奖
413	产教一体化服装专业教学综合改革与实践	刘航、李宁、刘争红、张小岛、冯胡明、金佳明、曹慷	惠州学院	二等奖
414	振工科背景下纺织特色院校产学研用实践教育体系探索与平台构建	段学军、刘凯、阚子丽、刘平波、晁磊、张超、马银妹	中原工学院、郑州经贸学院	二等奖
415	艺术与科技专业创新创业教育与专业教育融合的教学体系研究与实践	徐媛媛、李波、高家鹏、田阳、郭培娜	大连工业大学	二等奖
416	人才强国背景下以纺织智能制造实训平台为载体强化学生创新能力的研究与实践	王晓虎、赵永永、王浩程、佟国伟、贾文军、赵地、段义磊、山鹰	天津工业大学	二等奖
417	工程教育认证背景下的纺织高校电子型"事教融合"实践教学体系探索与实践	刘成海、宋晶、李云红、宋鹏、卫建华、文双双	西安工程大学	二等奖
418	立德树人视域下高校设计学科"五育并举"协同创新型人才实践研究	张小刚、贾立社、张翀、朱瑞红、徐倩洁	浙江理工大学	二等奖

27

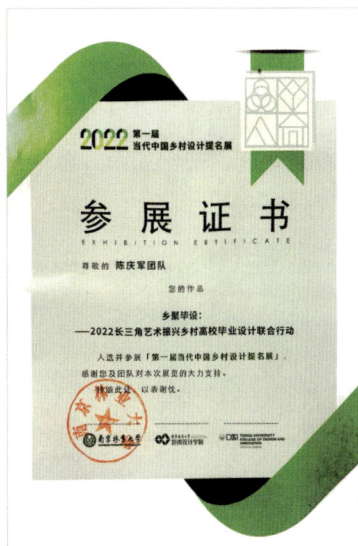

图5-19
联合毕业设计的
部分教研成果

　　在教研探索过程中，联合毕业设计的成果最直接的体现是推动作品的价值转化。联合毕业毕业设计以一系列活动和保障机制，进行过程管理，提升作品质量。在价值转化环节，主要以驻地形式，针对优质作品进行孵化和落地（表5-1）。

表5-1　艺术乡建驻村工作日志简表示例

艺术乡建驻村工作日志		
时　间	2022年7月11日	
记录人	袁诗群	
驻村主要工作内容		
目的：通过入户调研、与村民交谈，洞察村民需求、创业动机，对状元糕、三夸麦饼、养生宴等创业项目进行研判、引导，以此激发村民创业动力。 过程：1.状元糕（葛志旺）。①了解到户主葛志旺对商品保质期的担忧（仅1-2天），但同时也凸显了产品无添加剂的特点。②可对制作体验过程进行设计，将木工、麦饼、糕点等的制作体验连点成线，打造体验研学项目。③户主愿意小成本投入升级产业项目（5000元左右）。④目前的产品主要面向婚丧嫁娶、节庆馈赠等场景。2.三夸麦饼＋养生宴（妇联主任：童银芬）。①聊到了前往城杨村学习的感触。②目前的用餐价位标准（600、800、1200不等）。③学习优秀餐饮经营案例的经验，生活场所与经营场所分开，保持餐饮区的干净、整洁等卫生条件要求。④带动女性村民创业，以党员带动，借助妇联发起巾帼创业行动。		
关键重点信息记录		
持续跟进调研，研究优秀案例，快速提出品牌建设与运营方案，优先发起巾帼创业行动。		
存在的困难及问题		
目前暂无		
工作场景照片记录		
入户调研摸排具体需求（图5-20）		

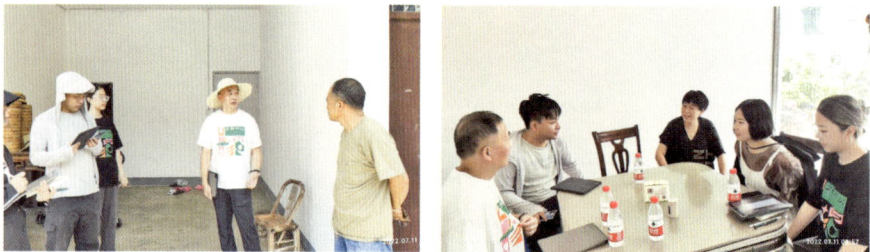

图5-20
入户调研

课程记录（一）：成果落地

时间：毕业设计推进全过程

地点：浙江省宁海县岔路镇、西店镇

学子们通过驻地推进，高校导师、企业导师、乡村导师共同指导，部分设计作品在乡村现场落地或与企业签约（图5-21~图5-36）。

图5-21
"枫湖夜市"项目
施工现场

图5-22
枫湖夜市开业倒计时
推广海报

图5-23（左）
艾养始祖品牌logo
图5-24（右）
"艾养始祖"部分
产品打样图

图 5-25
"艾呀茶呀!"品牌

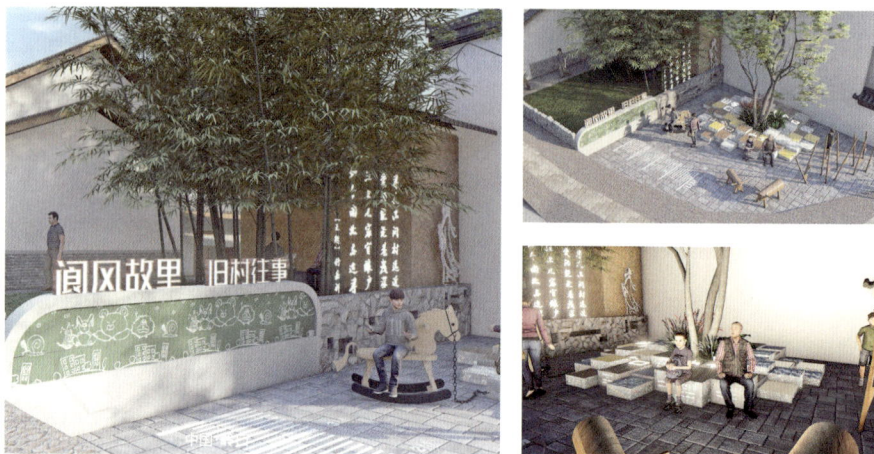

图 5-26
"阆风故里·旧村往
事"公共空间改造
（毕业生：东华大学
黄晨佳 指导老师：
周之澄）

图 5-27
"漫游岭口"乡村研
学品牌
（毕业生：东华大学
尹然其指导老师：
唐卫、陈庆军）

图 5-28
"阆风行"乡村研学
品牌
（毕业生：浙江工业
大学 曹笑妍、陈梁梁
指导老师：朱吉虹）

图5-29
"宋韵·阅风笺"宋
韵主题文创
（毕业生：东华大学
陈思宇 指导老师：
唐卫、陈庆军 ）

图5-30
"行在阆间"宋韵主
题文创品牌
（毕业生：浙江传媒
学院 张翌冉 指导老
师：杨超 ）

图5-31（左）
"西店蛋炒饭"地域
美食品牌
（毕业生：广州大学滕
跃指导老师：李娟）

图5-32（右）
"西店拾光"手电筒IP
（毕业生：华东理工
大学 尹雪儿 指导
老师：倪海郡 ）

图5-33（左）
"西店牡蛎"地域IP
（毕业生：东华大学
郑心慧 指导老师：
唐卫、陈庆军 ）

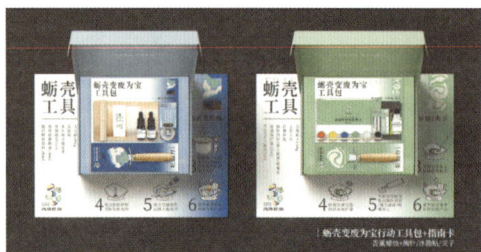

图5-34（右）
多功能折叠凳改良
设计
（毕业生：合肥学院
袁美怡 指导老师：
石林 ）

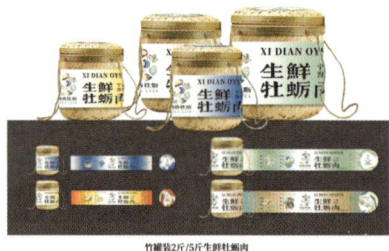

图5-35
户外背包灯设计
（毕业生：西华大
学 彭淋 指导老师：
汪鑫）

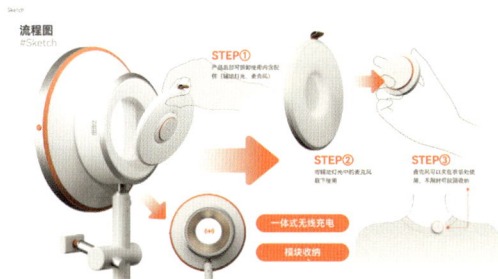

图5-36
智能一体化直播支
架设计
（毕业生：合肥学院
刘婧茹 指导老师：
李泽慧）

2022 "我在枫湖做毕设"阶段成果分享会媒体侧记（节选）：

纸上蓝图变"现"！9个毕业设计落地宁海乡间

"落地6个村民创业品牌、3个实体空间项目，其中，枫湖夜市项目已成形并试运营……" 8月16日下午，在宁海县岔路镇下畈村大樟树下，东华大学服装与艺术设计学院教授陈庆军在"我在枫湖做毕设"阶段成果分享会上，介绍"枫湖毕设"阶段性成果，他本人被聘为湖头村、下畈村"荣誉村民"。同时，活动还为村民、高校师生颁发了艺术赋能导师奖、在地设计奖、在地创业奖。

自今年2月起，来自上海、浙江、江苏、安徽的12所高校设计院系师生团队深入宁海县岔路镇湖头村、下畈村，将毕业设计"写"在乡村田间地头。6月22日，"乡聚毕设"的60件毕设作品分别在湖头村、下畈村通过了村民导师、产业导师和高校导师的联合答辩。这个夏天，"乡聚毕设"核心团队——东华大学服装与艺术设计学院的部分师生驻扎在湖头、下畈村，推动更多的设计作品落地。

"在这一个月时间里，我学到了书本学不到的实践经验，特别是看着自己的毕业设计作品落地，感到非常自豪。"安徽大学设计学院毕业生汤畅分享道，她和村民一起努力把"童趣下畈"这个毕业作品落地好，用木栈道串联起的3个儿童游乐区域，达到寓教于乐的目的，最终将其打造成儿童探索自然、科普学习的户外活动空间，"希望能长长久久地运营下去"。

"艾养始祖""艾呀茶呀""葛洪养生宴""三夸阿姨""枫湖糕糕首"……湖头村、下畈村率先创业的村民在高校师生的帮助下，设计出了属于自己品牌LOGO。湖头村村民葛林龙有一家生产模具的工厂，受毕设活动的影响，他有了养生创业蓝图。他自己构思了200多个品牌名称，最终在学生们的帮助下打造设计了"艾养始祖"品牌。

"艾草冻12元一杯，送一颗'艾呀茶呀'点心。"在"我在枫湖做毕设"阶段成果分享会上，下畈村13岁的周乐妮和妈妈一起支起小摊做起了生意，他们的商标"艾呀茶呀"就是东华大学学生胥德连和盛丽玮帮他们设计的。

"乡村是最好的课堂、村民是最好的老师。"陈庆军说，在从图纸设计到作品落地的过程中，学生和村民互相碰撞想法，对设计细节不断打磨推敲的过程，也正是论文写在大地上的笔迹，将高校学子的艺术设计落地变现，不仅能为村庄带来新景观，更重要的是借此构建产业链，提升村庄产业发展的"造血"能力，激发村民内生动能，继而带动整村创富。

课程记录（二）：全国联合毕业设计亮相威尼斯双年展

时间：2023年5月20日—2023年11月26日

地点：意大利威尼斯

全国联合毕业设计在2023第18届威尼斯建筑双年展独立展亮相。项目内容呈现了以产学研合作，助推美丽中国建设、全面推进乡村振兴的实践经验与智慧成果，这也是项目首次在国际舞台发声。

作为项目的联合发起团队，浙江工业大学城乡环境艺术与可持续设计中心的田密蜜教授、李智兴博士等，受国际知名建筑大师、美国南加州大学建筑学院院长马清运教授邀请，参加"深·绿DEEP GREEN"独立展。该展览邀请多组深入村落研究与实践的团队，以"深·绿DEEP GREEN"回应中国乡村实践对于威尼斯双年展"未来实验室 The Laboratory of the Future"的思考，以更朴实真切的方式探索乡村之绿。

本次展览中以"重返桃花源"为主题，在深入研究中国长三角传统乡村文化与聚落基因基础上，以江南文化为脉、艺术营造为径、可持续设计为本，展出全国联合毕业设计在乡村现场实践的作品方案、影像资料等（图5-37~图5-40）。

图5-37
团队与意大利米兰理工大学Marco教授、萨萨里大学副校长Casu教授

图 5-38
全国联合毕业设计
项目的展位现场

图 5-39
项目团队与威尼
斯双年展独立展
策展人、参展设
计师合影

图 5-40
展览现场向参展观
众全国联合毕业设
计项目

附

新闻媒体与社会关注

联合毕业设计执行过程，从前期调研、启动仪式、中期分享、工作坊推进，到乡村毕业季、毕设嘉年华、作品落地推进的各个环节，取得的成果获得人民日报、人民网、中央电视台、学习强国、光明日报、中国青年报、凤凰网、澎湃新闻等国家和地方主流媒体的专题报道120余篇，引起了社会的广泛讨论和关注。本章内容对新闻媒体专版报道的文本，以及部分新闻媒体报道和自媒视频的截图进行了展示。

报道联合毕设的部分新闻媒体

村里来了高校智囊团，毕业作品成了乡村振兴实景

时间：2023年5月28日

记者：叶子

媒体：人民日报（海外版）

村里来了高校智囊团，毕业作品成了乡村振兴实景"人民日报海外版"整版专题报道

村民抛出选题，大学生设计师接招；毕业设计走出校园，落地乡村；电脑里的效果图，变成货架上的真实产品……毕业季临近，2023全国联合毕业设计行动正在火热进行。近百所高校毕业生齐聚浙江省宁波市宁海县，把论文写在大地上，将设计做在乡村里。

浙江省"千村示范、万村整治"工程实施20年来，造就了万千美丽乡村，也造福了广大农民群众。如今的之江大地，正积极推动美丽中国建设，全面推进乡村振兴，通过高质量发展，建设共同富裕示范区。近日，记者前往宁海县活动现场，探访这些写在大地上的毕业作品，讲述高校毕业生到乡村做规划设计、助力乡村振兴的故事。

（1）好创意让村民眼前一亮

4月下旬，一场春雨过后，空气清新、远山如黛，杜鹃花娇艳欲滴。宁波市宁海县西店镇岭口村，一场流动的分享会正在进行。

"岭口村是南宋名士'阆风先生'舒岳祥的故里，我的设计主要围绕舒氏家训'文章华国 诗礼传家'展开，灵感来源于宋代活字印刷……"在村口的浮雕墙前，来自上海理工大学的大四学生浦振飞，正对着图纸一一阐释他的毕业设计。他将抽象山水和活字版融合，用符号化的模块从上到下叠加，传递出文化传承的寓意。"借助这面景观墙和绚丽的光影效果，我们可以打造出全新的宋韵文化夜游场景。"

听罢最新版的设计方案，岭口村党总支书记舒迎春眼前一亮，很是满意。他当场评价："这面景观墙将是人们来岭口村感受到的第一印象，要震撼，但不要烦琐。这个方案得到了大家的肯定，后面将会落地，很快就进入施工环节。"

沿着缓缓流淌的五市溪继续往前走，就到了一个老四合院。来自东华大学的研三学生胥德连站出来介绍，她的毕业设计选题，就是对这处房子进行改造。

"别看老房现在破败荒废，我们将修旧如旧，打造独具特色的阆风食堂，让大家耳目一新。"胥德连以舒岳祥为原型，同时提取了《清明上河图》中生活气息较为浓郁的画面，设计出舒岳祥饮酒、钓鱼、绘画、骑马、抱鹅、抚琴等画面。"这些形象，可以用在阆风食堂的内饰墙、餐具、菜单上，也可以用到网页、海报中，还可以运用到岭口村特产的包装上，让岭口村的品牌深入人心。"

环顾老房子的白墙灰瓦青苔，听着胥德连的介绍，大家开始想象，绿水青山之中，有个地域特色浓厚的食堂，兼顾文化传播和实用功能，不少同学、村民感慨：这个阆风食堂有韵味！

一步一选题、一程一指导，在这场流动的分享会上，每走到一个点位，相关同学就会介绍他的毕业设计构思。武汉纺织大学的同学展示了乡村文创伴手礼的系列设计，河北建筑工程学院的同学分享了以舒岳祥为原型创作的动漫人物、表情包等，浙江万里学院的同学规划了饱含宋韵风味的茶室……导师们现场点评，给出建议。在村子里一圈走下来，记者不仅被老村的古朴风貌所吸引，也对同学们各具特色的毕业设计作品充满赞叹。

村里来了高校智囊团，这样生动的场景，对于岭口村村民来说，已非常熟悉。从前期的开题路演，到中期分享，再到最后的答辩，全国各高校的师生们多次来村子实地探访调研、反复碰撞打磨，一个个好创意源源不断迸发。

全国联合毕业设计发起人、东华大学服装与艺术设计学院教授陈庆军介绍，2023全国联合毕业设计行动将宁海县西店镇作为"主阵地"。结合县域振兴需求，西店镇发布了需求清单，包含党建引领、城镇更新、艺术乡建、产业升级、地域IP等5大类命题近百个选题方向。开题时，毕业生的选题总数超过300个，不少是同题比拼，精彩纷呈。

"大学生的毕业设计充满活力、创意、新意，这些恰恰是乡村发展所需要的，而且有一些也具备了落地的可能性。"舒迎春表示，茶余饭后，老百姓也会聊到学生们的设计，"他们都很支持这个活动，希望大学生设计师给村庄带来好的改变。"

（2）毕业设计多了"乡村导师"

"背包的设计不错""儿童款的颜色能不能更鲜艳一些""桌凳套装中，桌子的尺寸可能需要再调整调整"……在位于宁海县西店镇香石村塘下69号的宁波腾浩电子有限公司，企业负责人孙亮正和毕业生们热烈讨论。

一旁的样品展示厅里，帐篷、灯带、便携桌椅等营造出露营场景。其中，外观时尚、能够随意折叠的智能伸缩凳，就是腾浩公司的王牌产品。作为2023全国联合毕业设计行动的参与企业，腾浩出题：公司产品如何进行改良和创新？这一颇具挑战性的选题，吸引了不少大学生选择产品设计。

"来过好多次了，和孙总已经很熟悉。每一次交流都很愉快，受益匪浅。"来自合肥学院的大四学生袁美怡说，在前期多次沟通基础上，这次她带来了修改后的方案，将折叠凳和投壶、飞盘等户外活动相结合，还有儿童款折叠凳等，拓宽产品的用途和客群。"孙总提出了很多实用的建议，我回去再改进改进，努力设计出既美观又实用的凳子，争取在毕业前做出样品。"

和普通的大学生毕业设计不同，参加全国联合毕业设计行动的学生既有"在校导师"，也有"地方导师"。最终，他们需要通过乡村导师、企业导师和高校导师共同参与的联合答辩。

"以往，我们只知道对着电脑画图，对实际的工业生产流程并不了解。通过全国联合毕业设计行动，'企业导师'带我们参观生产线，和工厂负责人、设计师们深入交流，我才知道企业里的产品设计需要经历哪些流程，也学习了生产制造和市场趋势等方面的知识。"袁美怡说，她希望自己的设计能被企业选中，最终投入生产销售。

一遍遍修改、一次次提升，要做好毕业设计，反复调整甚至推倒重来都是必经的过程。在岭口村，浦振飞的设计方案也经历一波三折：他的第一个设计稿是带水幕的景观墙，因为落地困难而放弃；第二稿采用大理石栅栏的形式，又因现代感太强被自己否定；直到第三稿才确定了现在的思路，大大小小的修改更是不计其数。这期间，除了高校导师，乡村导师也给了他不少建议。

数位参与联合毕业设计行动的学生向记者表示，乡村导师虽然不是专业人士，但他们给出的指导意见总是能直击要害，而且特别实用，对毕业设计的最终呈现起到很大帮助。

2023年的联合毕业设计行动正在进行，2022年的落地作品已经成为乡村振兴实景。

在宁海县岔路镇下畈村，已竣工的"童趣下畈"儿童游乐区，今年已经迎接了好几拨游客。这个项目的设计者是安徽大学艺术学院毕业生汤畅，她在下畈村的松树林新建了儿童户外活动区域，将一个废弃集装箱改造为展览空间，向儿童进行科普。

"承重用钢材还是木材？木板要多厚？不同材料间如何连接？柱子要多粗？这些都是我在学校里没有细究过的问题。实际建造时，还需要考虑材料的不同性质、施工的难易程度等。"汤畅说，为了让作品顺利落地，她干脆在村里住了一段时间，方便与'乡村导师'和施工队一起磨合。回顾这段经历，汤畅感到弥足珍贵："能在村里亲自参与项目建造，对我来说是非常新奇的体验，也让我对所学专业有了更加深刻的体会。"

在陈庆军看来，乡村就是最好的课堂。"过去，毕业设计作品更多是为了通过答辩和毕设展览，作品很难在乡村或者市场落地。如今，当学生们来到现场，他们会发现自己的作品跟时代、社会、乡村都有着紧密联系，进而能调整方向，让毕业设计不止于'纸上谈兵'，还能更好地融入现实。"

经过这次体验，孙亮对于大学生们参与公司产品设计非常欢迎。他说，创新是企业成长的核心动力，引入大学生力量，对企业坚持创新发展很有帮助。记者问他，是否担心过学生们的设计不够成熟，或者有太多天马行空、不切实际的想法根本无法实施。孙亮毫不犹豫地回答："天马行空多好！我就喜欢和学生们交流，在很多想法上我们可以互补。"

（3）乡村振兴有了人才支持

说起全国联合毕业设计行动带来的好处，下畈村村民周陈国深有感触。他家主要售卖艾草馒头和艾草茶，但乡村小店没有特色，怎样进行升级？村民出题，学生接招。去年，学生们设计了"艾呀馒呀""艾呀茶呀"两个名字，绘制了全新的Logo和包装，让这两个产品面貌一新。

"以前艾草馒头的包装，就是拿个竹筐一放，确实是土里土气的。采用学生们的设计，馒头真空包装起来，即使快递到北京也不会坏。"周陈国感到，年轻人的想法更有活力、更迎合潮流，"有了他们的智力支持，我的馒头卖得更好了。"

采访中，下畈村党支部书记周方权向记者道出了目前乡村发展的痛点：乡村要发展，规划得先行，但是村里人文化水平不高，很多都是凭自己经验去做，不正规，也不成熟，即使有了好点子，也画不出来图。怎么办？必须要有人才支持。

周方权举例说，"童趣下畈"儿童游乐区建成后，很多幼儿园主动来联系想在村里办活动。"前段时间，孩子们组团来春游的特别多，我们村名声一下子打响了。学生们的毕业设计，确实为村里增加了不少新鲜的东西，以后村里发展还想请他们来做规划。"

对人才求贤若渴，是参与到全国联合毕业设计行动的乡村、企业共通的感受。

在今年的分享会现场，来自安徽建筑大学的雷恬结合宋韵文化，阐述了她关于岭口村公共空间的更新设计方案。舒迎春当即抛出"橄榄枝"："在你讲述的过程中，我脑海里就有了岭口村未来发展的蓝图。我向你发出诚挚邀请，希望你做岭口村国学基地的导师，我们正想要你这样的人才。"

宁海县锐豹电子有限公司总经理毛斌，也是此次全国联合毕业设计行动的"企业导师"。他指导的学生，来自东华大学、昆明理工大学、西安建筑科技大学等诸多学校。在他看来，活动将乡村、企业和高校链接起来，这种合作的新形式对各方都大有裨益。

"西店镇是工业重镇，照明、小家电等制造产业发达，但大多数企业依然面临工业设计人才短缺的情况。从前，企业家们盲目地跑到高校去招引人才，双方互相了解就会耗去很多时间，有时还会错过合适的人才。"毛斌说，现在，有了全国联合毕业设计行动，各大院校设计类专业的应届毕业生，都到锐豹进行调研，围绕公司照明产品的技术研发、生产工艺等开展实打实的毕业设计，这是一种试炼人才的好方式。

如何让高校设计艺术类专业的毕业设计走出象牙塔，在校地融合中充分发挥人才培养功能，更好地服务社会？这是一个高校与社会都要面对的问题。陈庆军表示，他发起全国联合毕业设计行动，就是想鼓励大学生们在乡村大地建功立业，让艺术更好地服务村民、服务企业、服务乡村振兴。

"广阔乡村，大有可为。"参与此次全国联合毕业设计行动的上海理工大学出版印刷与艺术设计学院杨潇雨老师表示，大学生在城市求学，来乡村发挥才智，特别有现实意义。把这条路走通，可以实现高校与地方的双向奔赴。

在宁海县全国联合毕业设计组委会所在地，有一面墙上挂满了参与院校的校徽，中间还有一幅中国地图，标有小红点的地方就代表目前活动已覆盖到的地方。一眼望去，小红点已经很多。

展望未来，陈庆军表示："我们想吸引更多地方、更多院校、更多师生参与进来，让这一活动届届相传、生生不息，持续为乡村振兴赋能。我们还要鼓励学生参与国际赛事、奖项的评比，让世界看到中国大学生毕业设计的生命力。"

国际设计科学学会主席、上海交通大学周武忠教授认为，全国联合毕业设计行动是高校教学改革与县域振兴模式创新的一次有益探索。它面向国家战略需求，将人才培养和服务社会相结合，让青年学生到乡村和企业一线，把论文写在祖国大地上，有利于促进教育链、人才链与产业链、创新链有机衔接。

让高校毕设与乡村振兴实现双向赋能

时间：2022年8月11日

记者：孙吉晶　实习生：王诗涵　宁海县委报道组 蒋攀

媒体：宁波日报

8月6日晚，宁海县岔路镇湖头村的枫湖边，灯光亮起，绚丽又温馨。对村干部和村民来说，这个普通的夜晚有着不一样的意义——筹备一个多月的"枫湖夜市"项目投入试运营了。

赏田园美景、听声声蛙鸣、品农家小吃……当天晚上，十几户村民在夜市设

"让高校毕设与乡村振兴　实现双向赋能"宁波日报整版深度报道

摘，吸引周边村民光临，一晚营收5000元。"这个收益达到了我们的预期目标，各个经营环节配合得很好。"湖头村党支部书记葛民文兴奋地说。

湖头村是葛洪后裔聚居地之一。一场高校学生在乡村展开的大型艺术"试验"，让这个距离宁海城区15公里的宁静村庄，也走上了开发夜市项目、发展"夜经济"的乡村振兴新路径。

（1）从图纸"扎"入大地

8月4日一早，记者来到村里。村民们戴着草帽在骄阳下忙活，有的在布置装饰，有的在清理杂草，为"枫湖夜市"试运营做最后的准备。

不到一个月时间，位于湖头村村口的枫湖面貌焕然一新：一个大型的公共平台、一个木构空间，红、黄、蓝三色的圆形景观坐具错落有致地散布其间。场地可同时容纳百余名游客，并能满足多元化的社交需求。公共平台可承包团建、旅游等大型社交活动。夜市旁的稻田里，放置了网红装饰，吸引游客打卡。

根据规划，"枫湖夜市"的经营由内场、外场两部分构成。在内场，村民可经营啤酒、烧烤、轻食、饮品等，售卖玉米、花生、麦饼、面片、豆腐等农产品和地方特色小吃；外场打造了"共富车"概念，鼓励村民以流动摊位的形式为乡村经济创收，营销当地特色品牌。葛民文对这一规划信心十足："试运营顺利的话，生意就会慢慢好起来，届时会有更多的村民加入夜市经营。"

"枫湖夜市"项目，是南京师范大学美术学院学生周文晔、邱淑凡的毕业设计作品。今年2月，宁海发起"乡聚毕设"——长三角艺术振兴乡村高校毕业设计联合行动，吸引了沪苏浙皖12所高校艺术类院系的学生积极参与，最终创作完成了60件毕设作品。

"枫湖夜市"十分契合湖头村当前的产业需求，成为这批毕设作品中首个落地运营的项目。"夏日炎炎，是夜市开业的良机。现在有很多村民在关注这件事，我们希望让夜市成为湖头村家家户户的'连接器'。"本次长三角艺术振兴乡村高校毕业设计联合行动的牵头人，东华大学服装与艺术设计学院教授、博士生导师陈庆军说。

记者了解到，在毗邻湖头村的下畈村，"童趣下畈"项目落地也已提上了议事日程，计划在该村的松树林新建一个儿童户外活动空间。项目设计者、安徽大学设计学院毕业生汤畅介绍，该项目通过对一个废弃集装箱的翻新改造，将其建成展览空间，用于存放松树林生态系统的植物或种子，向儿童进行植物知识科普。同时，以木栈道串联起3个儿童游乐区域，达到寓教于乐的目的。

"目前场地已经清理完毕，按照图纸买好材料后，我们抓紧时间尽快动工。"下畈村党支部书记周方权对该项目十分看好。他表示，一方面，儿童空间的设计简单实用，可操作性强；另一方面，它能与村里即将开业的占地约17亩的露营基地项目配套，实现产业联动，为游客提供更为丰富的游玩体验。

（2）乡村是最好的课堂

6月下旬，"乡聚毕设"的60件毕设作品分别在湖头村、下畈村通过了乡村导师、企业导师和高校导师的联合答辩。这个夏天，"乡聚毕设"核心团队——东华大学服装与艺术设计学院的部分师生驻扎在湖头—下畈片区，推动更多的设计作品落地。在和师生们的交谈中，记者发现，他们对两个村庄的景观布局、文化特色、产业特色了然于胸。

在两个村庄的荷花池旁、香樟树下、石子路边，放置着介绍学生毕设作品的展板。如同土壤和种子的关系，这方水土已经和大学生们建立了紧密的联结。一方面，乡村为大学生们提供了施展才干的舞台，帮助他们丰富实践知识；另一方面，他们的智慧在这片土地生根发芽，用多元的成果推动乡村产业创收。

"乡村是最好的课堂。"陈庆军表示，在从图纸设计到作品落地的过程中，最重要的是结合各方需求，不断打磨设计方案。

"承重用钢材还是木材？木板要多厚？不同材料间如何连接？柱子要多粗？这些是我在学校里没有细究过的问题。实际建造时，还需要考虑材料的不同性质、施工的难易程度。"住在村里的这段时间，汤畅目睹了自己的作品"畈上童趣"逐渐成形的全过程，参与了项目的每一版修改。

"能在村里亲自参与项目的建造，对我来说是非常新奇的体验，让我对所学的专业有了更加深刻的体会。这样的机会对于大学生来说格外珍贵。"汤畅说，得知项目即将动工，她有一种满满的成就感。

东华大学视觉传达专业博士生袁诗群说，他们团队共有8人，根据所学专业分成两个组。景观设计专业的学生负责推进空间设计类项目；视觉传达专业的学生负责推进产品设计类项目，为村民个人品牌提供量身定制的设计服务，包括视觉包装、传播运营策划、品牌未来规划等。

"葛洪养生宴""三夸阿姨""枫湖糕糕首""艾养始祖""艾呀馒呀"……村里

原有的一些品牌，经过学生的点拨和包装，呈现出全新的面貌。下畈村村民周陈国因面点技艺精湛而远近闻名，艾草馒头和艾草茶是他的主打产品，针对这两个产品，学生们设计了"艾呀馒呀""艾呀茶呀"两个产品名，绘制了全新的产品Logo和包装。"有了学生的智力支持，我省下了一大笔设计费用，而且年轻人的想法更有活力、更迎合潮流。"周陈国说。

作为一名企业经营者，湖头村村民葛林龙也从中得到了实实在在的好处。葛林龙的工厂原本生产模具，如今有了新的创业蓝图。他自己构思了200多个品牌名称，最终和学生们一起选定了"艾养始祖"品牌。Logo设计也颇有深意，抽象出艾草的字形、葛洪塑像的形象，以彰显湖头村历史悠久的艾草养生文化。葛林龙感慨："原来只是一个人闭门造车，现在借助同学们的专业知识，解决了设计难题。"眼下，葛林龙正在申请产品专利，进行产品打样。

在和村干部、村民面对面交流合作的过程中，大学生和乡亲们建立了深厚的情谊，融入了这方水土。"看到我们的设计给村民带来收益，真的格外高兴。村民也把我们当成自己的孩子一样，经过他们的家门口，总会收到各种好吃的。"袁诗群说。

"以前，设计方案对于学生来说就是单一的方案。如今，当学生们在一起推进项目时，他们会发现自己的作品跟我们的时代、社会、乡村有着紧密的联结，能通过自己的力量，一步一步融入其中。"陈庆军这样评价"乡聚毕设"项目的意义。

（3）艺术赋能乡村振兴

今年4月，浙江省农业农村厅公布了第二批未来乡村创建村名单，共计278个村庄，宁海县岔路镇湖头—下畈片区位列其中。创建未来乡村，对两个村庄今后的发展提出了更高的要求。为做好共同富裕基本单元"探路军"，湖头、下畈两村抱团合作，打造共富联合体，探索乡村振兴的新思路和新方法。

"艺术创造力，能为未来乡村建设插上翅膀。"陈庆军表示，将高校学子的艺术设计落地变现，不仅能为村庄带来新景观，更重要的是借此构建产业链，提升村庄产业发展的"造血"能力，激发村民内生动能，继而带动整村创富。

"毕设项目应该成为撬动村庄产业发展的杠杆。"袁诗群认为，"枫湖夜市"投入试运营后，湖头村因夜市的热闹，吸引了广场舞队伍。"或许这就是产业的带动效应，也是我们最希望看到的。"他说。

陈庆军表示，东华大学团队还将继续推进湖头村湖滨景观带、樟树记忆、古井记忆、阳光树屋、灯光秀等景观设计。湖滨景观带是下一个推进的项目，将在滨水步道依次建造"悬挑平台""时光枫湖""四季枫湖""诗画枫湖""毕设大地"等视觉艺术装置，连通湖头和下畈两村，打造环湖景观特色环线，供村民和游客休憩、游玩、观展。其中，"毕设大地"艺术装置由12块木板组成，呈树根形状在大地蜿蜒。该装置将持续记录长三角12所高校学生的毕设作品在村庄留下的痕迹，具有很强的纪念意义。这意味着"乡聚毕设"项目在未来还有很大的推进空间。据袁诗群介绍，"乡聚毕设"第一期项目落地后，第二期项目也在筹备中。

2019年以来，宁波从宁海葛家村起步，秉持"财富、赋能、友好"的核心理念，大力促进艺术与产业融合，走出以艺术振兴乡村"小切口"推动共同富裕"大场景"的新路径。目前，已经有30余所高校及专家团队与我市70多个村结对，从主题依托、产业导入、技艺传承、资源挖掘和文化深耕5种不同方式介入，推动乡村振兴。

宁海县委宣传部相关负责人表示，艺术赋能乡村振兴，宁海将谋定"五个一"的实施路径：做成一项国家标准，把艺术振兴乡村写入国家《美丽宜居乡村建设指南》；编制一个行动指南，形成可复制可推广的省级地方标准；开展一项共同富裕试点项目；提炼一批"村宝创业""我在宁海做毕设""艺术帮扶四川德育村"等实践新成果；实施艺术振兴乡村数字化改革。通过一系列举措，推动宁海经验实现"一地创新、全省共享"。

乡村毕业季

时间：2022年6月21日

记者：毛丽君

媒体：新民晚报

"乡村毕业季"
新民晚整版专题报道

把60本厚重的论文搬进汽车后备箱，时隔3个多月，陈庆军向着心心念念的宁海出发了。按照原计划，过去的这三个多月，他本应该有小半的时间在宁海的乡间度过，带着学生们一起实地踩点、和村民交流、看着一个个项目落地，然后在6月的乡村大地上，见证来自长三角12个高校艺术院校的师生开启一个特别的"毕业季"。

然而，所有的计划被突如其来的疫情打乱了。"非常遗憾，很多环节因为疫情影响没能实现，但在当地和各高校的大力支持下，我们将在村里为同学们举办毕业典礼，并开启属于他们的乡村毕业设计展。"活动前夕，作为2022长三角艺术振兴乡村高校毕业设计联合行动"乡聚毕设"的发起人，东华大学服装与设计学院教授、博士生导师陈庆军心情复杂。6月22日，"乡村毕设"枫湖毕业季将在浙江宁波宁海县岔路镇下畈村的大樟树下，拉开大幕。

（1）毕业设计

四年前，王宣宣从河南到上海求学，作为东华大学服装与艺术设计学院视觉传达专业的一名学生，她从来没想过，自己的大学生涯会在浙江宁海的一个小村子里画上句号。

因为听过陈庆军教授的课，因为对乡村振兴的话题感兴趣，更为陈教授多年扎根乡村的坚持所感动，王宣宣选择了陈教授作为毕业论文指导老师，也理所当然地参与到"乡村毕设"的活动中，跟随陈教授的步伐，与下畈村来了一次意外的"邂逅"。

"下畈村地处浙江省宁海县岔路镇，毗邻前童古镇。村中有一株五百多年历史的古老樟树，树干粗壮，树冠如云盖，枝繁叶茂，充满了勃勃生机，巨大而优美的树冠郁郁葱葱……大家无不惊叹，从来没有见过造型如此优美别致的大樟树……"为了完成毕业设计，王宣宣先后两次前往下畈村实地走访，在她题为《现代插画及衍生设计在乡村传播中的方法应用研究》的毕业论文里，下畈村的老樟树让她印象深刻，而作为村庄的超级"IP"，这棵网红樟树也成了她论文中插画设计最重要的元素。

"我本身对插画比较感兴趣，而古樟树对下畈村来说是非常有意义的视觉符号，我就在想，怎么把现代的表达手法和传统的乡村形象没有违和感地结合起来，更利于传播。"在调研年轻群体偏爱的插画风格的基础上，借鉴当地的人物现象，结合大樟树下四季可能发生的不同故事场景，王宣宣笔下的画面慢慢丰富起来。

"本来打算要在村子里住两个星期，因为疫情影响没能成行，很多素材都从村子和村民的社交媒体账号的获取，虽然有遗憾，但最终结果是好的。"产品包装、礼品袋、卡片、贴纸、口罩……看着自己设计的插画在不同的衍生品上，打上"下畈村"特有的艺术符号，王宣宣说，"这种感觉非常棒"，她畅想着，这些设计可以被村民采用或者给他们的乡村振兴提供一些思路。

临近毕业，王宣宣开始为实习工作忙碌。最终选择在服装设计领域做平面设计的她，特地跟公司请假赴宁海参加这场特别的毕业论文答辩。在下畈村的大樟树下，王宣宣将用这样一种特别的形式，为她的大学生涯画上句号。

"实地体验、就地取材，以后做设计我会把这点延续下去。""乡村毕设"对于"王宣宣们"而言，只是人生中一段的经历，但这些年轻的设计师们在乡村大地上收获的，或许远不止一篇毕业论文。

（2）特殊财富

62岁的周方权在下畈村做了20年村支书，村子的变化他都看在眼里，而这次，他说，这个500多人的小村子，将要发生"翻天覆地"的变化。

"镇里通知我的时候，我挺高兴的，这么多高校的艺术人才破例到农村来做毕业设计，在全国也是首创吧。"新农村建设要创新，周方权坦言"村干部不专业"，下畈村是3A级旅游乡村，但旅游点的活动场地不够大、留不住游客、没有明确的定位和发展方向……很多问题困扰着周方权，而"乡村毕设"给他打开了一扇希望的窗，他说，"专业的事情还是要专业的人来做。"

看着一批批大学生陆续进村，看着他们奔着自己感兴趣的课题各自挖掘，周方权心里满是期待。而作为"乡村导师"之一，他用自己的经验为做毕设的同学们提出了许多项目落地需要考虑的实际问题。"比如说，围绕枫湖的景观设计、河边护栏的高低等等，都要考虑水上的安全问题，同学们在做设计时考虑效果的美观，而我就针对项目提一些能看到、能想到的问题和建议。"

毕竟，这些设计并不单纯是一本毕业论文，做设计的初衷就是要落地。"这次活动主要针对下畈和湖头两个村，我们村小，大概有20多个设计方案，一半左右应该能落地。"在周方权细数的方案里，有传统艾草馒头制作工艺的提升、有大樟树的周边、有集士驿站的整体设计、有村民房子改造的民宿、有松树林里的儿童游乐场……这些，都是学子们留给村庄的"财富"。

然而，项目落地对于学子们来说，何尝不是一笔"财富"？来自苏州科技大学艺术学院环境设计专业的裴子辰，已经在村子里忙碌了10来天，他和小伙伴们正在搭建他们的"玻璃书屋"，毕业论文答辩现场，这个由透明亚克力打造的独立空间，将成为他们毕业论文的延伸展示在众人面前。

"虽然设计方案和落地在外形和选材上有区别，但能落地已经是一种幸运。能把毕业论文用这种方式呈现出来，我们非常高兴也很有成就感。"裴子辰说，在和村民沟通做毕业设计的过程中，他对自己的想法有了更真切的认识，"乡村毕设"就像一块"跳板"，连通了他作为一名设计师的梦想与现实，"这是一种正向的激励，对我们来说，是一个新的起点。"

（3）乡村振兴

"那天，我特地把同学们的论文打印装帧成册，厚厚的一摞叠放着，很感动。"长三角12所高校60本论文57套方案，几乎每本都是万字起步，陈庆军感慨着特殊时期各高校师生们为了完成毕业设计的种种不易，同时却也为这些设计兴奋不已，

"经过我们的评估，至少有12个设计方案短期内可以落地，一些已经在进行中。"

江南大学赵佳琪同学的"屋前檐下"，在房屋与房屋之间搭起"廊架"，对廊道这一公共建筑空间进行设计；安徽建筑大学常浩东同学立足于湖头村养生文化，为村民养生宴的餐饮创业提供完整的视觉系统方案；上海工程技术大学郝柔柔同学在湖头村与下畈村之间河面上，搭起了一座水上栈道，将当地道教文化融入其中，打造了一个独特的滨水景观空间；安徽大学汤畅同学的儿童户外活动空间设计，在下畈村重要的景观点松树林内建起童趣十足的儿童游乐场，开启了下畈村关于未来发展定位的探讨……一桩桩一件件，陈庆军随口说来，如数家珍。而许多没能在短期内落地的方案，也将成为村庄未来发展的思路和"储备"。

"因为疫情，所有参与的团队都有遗憾，一致要求启动下一届。我们准备9月开学就开始筹备新一季活动。"陈庆军计划着，2023"乡村毕设"活动将会更多长三角的高校加盟，可以在今年活动的基础上，深入挖掘湖头、下畈村的资源，为乡村持续发展提供更多的可能性和多样性。

"我一直在跟宁海政府部门沟通，他们对艺术振兴乡村的支持为我们活动的持续开展提供了有力支撑，但后续项目的落地和运营、资金的投入等都需要进一步的沟通、落实。"

更远的未来，活动会有更多的形式。比如，聚焦宁海当地的传统文化符号、优势产业，开展专题的毕业设计活动；再比如，结合当地发展不同阶段的不同需求，面向有实力的院校发布硕、博毕业论文选题征集令……到那时，宁海的发展将不再是长三角高校的课题，乡村振兴也将不再局限于艺术类院校；到那时，宁海将成为全国高校"毕业选题的聚集地"，宁海的发展将"非常值得期待"。

而这一切，已经在陈庆军的脑海里酝酿，如果能落地，宁海必将在乡村振兴的道路上闯出一方天地。

接下来的一个多月，陈庆军会在村子里度过，他会看着那些没能如期落地的项目一点点推进，并为即将开启的新一季活动做更多的计划和沟通。"有了今年的基础，明年的'乡村毕设'一定会特别精彩，如果没有疫情的话。"

千里之行，始于足下。陈庆军对于乡村振兴的探索，已经在长三角起步。

联合毕设中的艺术乡建

流水潺潺，古建筑与老树之配相得益彰。青石板，在经过的行人轻踏下，清脆有韵律的声音响彻巷道。一张张青春的面孔，手执画笔，喜笑颜开，老村在久久的寂静被敲醒。

近日，来自全国各地高校，参加全国联合毕业设计活动的师生，分批驻地岭口村。他们或是调研踏勘，或是参与毕设工作坊，以访谈、勘测、草图绘制等形式，采集记录各种数据，通过丰富多样形式推进各自的毕业设计。

据初步统计，此次联合毕设共计超过100本论文、100部毕设集中落地在岭口村。环境设计、视觉传达、数字媒体、产品设计等各个专业的大学生，针对岭口村的产业升级、文化传承、环境提升等问题进行设计展开。

百本论文、百部毕设，为什么会集中落地到岭口村？大学生为何会与乡村紧密联结？岭口村的未来会走向何方？全国联合毕业设计组委会认为，可以从以下几点展开分析和思考。

（1）面向乡村真实需求

毋庸置疑，毕业设计是设计类院校最重要的课程环节。于学生而言，其成果产出是毕业生专业功底、综合能力的集中体现；于高校而言，毕业设计是检验教学质量的重要标尺。但就目前而言，毕业设计课程所存在的问题并未引起各个高校的足够重视。毕业设计以"假题假做""真题假做"的模式展开，仍是普遍现象。

虽然按照学校的教学任务书要求执行教学，社会评价环节的缺席，有利于教学质量检测标准的统一，减轻教师们的教学负担。但这样一来，同学们在面对假需求、假命题时，往往会主观臆想，在相对稳定的教学环境下，也难以产生个性化的、落地性的设计作品。

比如，每年琳琅满目的毕业设计作品展览，在视觉传达设计专业的会场中，由一张插画延展出来，以"钥匙扣、手提袋、手机壳"为样机进行贴图的"老三样"重复出现。一方面，不仅会引起了观者的审美疲劳；另一方面，这些"无用"的产出最终也大部分会不知去向。

实际上，乡村是迥异于高校学堂的实践场域，大量的真实问题和无数资源有待解决和发掘。比如，乡村的环境提升、产业升级、文化传承等问题，与村民的生活、生产息息相关；乡村所蕴含景观建筑、造物等有形的资源系统，以及乡村文化、信仰等无形的资源系统，是亟待挖掘的富矿。而利用设计的思维和工具，诊断问题、解决问题，将乡村资源进行价值放大，恰是设计专业所具备的优势。

全国联合毕业设计，正是在这样的背景下，以真题真做的模式，从社会发展的需求中凝练选题，切实解决"选题从哪里来"和"成果到哪里去"的问题。

2022年首届联合毕业设计行动，以"论文写在大地，设计做在乡村"为核心理念，联合长三角12所设计院校，在宁海县岔路镇的湖头村、下畈村展开实践，共产生了60本毕业设计论文、57组毕业设计方案。2023年，岭口村作为联合出题方，以乡村的真实需求为导向，邀请高校联合答题，提供新的在地实践场域。

（2）与时代同向同行

"希望广大青年用脚步丈量大地"，在2022年五四青年节前夕，习近平总书记在视察中国人民大学时如是说；而在二十大报告中，习近平总书记又指出"让青春在全面建设社会主义现代化国家的火热实践中绽放绚丽之花"。青年一代，注定与时代使命相联系。

作为校地融合、产教融合的创新平台，联合毕业设计致力于促进教育链、人才链与产业链、创新链的有机衔接，不仅以实践行动，积极响应乡村振兴的国家战略需求，同时，面向"五全育人"的工作体系，全面落实"立德树人"的根本任务，注重与课程思政紧密结合。可以说，全国联合毕业设计是将青年与乡村联系起来的纽带。

在真实的实践场域，青年学子们在调研、创作等各个环节，深入乡村现场，与村民同吃、同住、同劳动、同设计，尤其是毕业设计作品进入落地的环节，要跟村民沟通、与工人协调，包括材料、用地、资金等各方面考虑，这与在学堂里的概念设计方案创作完全区别开来。对于同学们来说，这种经历无疑是一笔财富，在这个过程中，他们在自身专业的价值和理想实现同时，综合能力也得到相应的培育和提升。

可以看到的是，作为联合毕业设计艺术乡建命题板块主阵地的岭口村，村民正与同学们逐渐融合在一起。同学们在与村民进行思维发散和多样相处的过程之中，洞察村民的生活需求、生存智慧，碰撞出与时代同向同行的异样火花。

（3）赋能岭口未来

"什么是联合毕设？"村口的爷爷奶奶正聚集在村口，向同学们打听村里的新鲜事儿。B站短视频创作团队将这一幕记录了下来。

对于村里的老百姓来讲，也许从来没有见过这么多，来自全国各地的青年大学生在岭口村"穿街走巷"。当听说大学生们是来美化、改变村庄的时候，村民们充满了期待。与此同时，岭口村村书记舒迎春在与师生们的热切交谈中，提出了他对村子未来的各种畅想："以文旅发展，带动村庄的各种产业发展，让老百姓鼓腰包，是岭口村打造的目的"。

事实上岭口村依托自身的文化底蕴，通过联合毕业设计的助力，以"文化旅游村"为核心打造的时代画卷正在徐徐打开。

按照未来乡村"三化九场景"建设的具体要求，来自东华大学、上海理工大学、湖北工业大学、浙江传媒学院等的高校师生，正以数字媒体设计、环境设计、视觉传达设计等，在营造"入画岭口诗境中"的和美意境内容之中，探索构建文旅新体验、呈现未来元素的数字生活空间。

浙江在省政府工作报告及相关文件中，多次提到"宋韵文化传世工程"，"深入研究挖掘宋韵文化"。宋韵，不仅是浙江，也是岭口立志要打造的金名片。对于岭口村而言，不管是在省级美丽宜居示范村建设，还是在当前的改造与规划当中，都是以"宋韵文化""南宋进士舒岳祥"为核心展开。

参与联合毕业设计之中30余所院校的师生，从宋韵文化伴手礼开发、国学研学线系统设计、舒岳祥IP打造等多样的命题内容之中，凝练了"寻味宋韵""诗路文化IP化""宋韵舒乡"等多样的选题。此外，师生们还将深度结合文旅业态打造需求等，将宋韵元素融入老村整体规划、公共空间改造、乡村庭院等各个选题方向。

全国联合毕业设计，正以毕业设计的力量，面向未来乡村、共同富裕的时代命题，将乡村资源系统地转化为满足村民精神和物质需求的产品和服务，给了这座老村无限的未来和想象。

（4）结语

百本论文写岭口，百部毕设在乡村。这个村子，在一批批大学生团队的到来之际，正在发生一系列的化学反应。可以说，百部毕设书写的不仅是毕设人的青春故事和时代使命，更重要的是岭口村底蕴深厚的历史和广袤无垠的未来。

在公务员考试考场，和我的毕设来了场双向奔赴

2022年12月17日，联合毕业设计被纳入2023年浙江省公务员考试申论素材，许多参加过2022年联合毕业设计活动的毕业生，也同时参加了2023年浙江省公务员考试。

在看到自己的毕业设计跟时代、社会、乡村紧密联系，创造出能推动乡村发展的有效价值时，他们收获了满满的自我成就感；在看到自己参与的联合毕业设计系列活动进入浙江省公务员考试的申论素材时，他们收获了满满的社会认可感。另一方面，联合毕业设计被纳入2023年浙江省公务员考试申论素材，也代表着国家在人才选拔、人才导向、人才流向、乡村振兴政策的方向上释放出更多信号。那么如何更好地培养国家需要的人才？本文将深入解析入选意义、选题价值以及当下青年可以如何将个人发展与国家命运紧密结合的社会问题。

（1）案例进入考试，体现乡村对人才的需求

联合毕业设计进入浙江省公务员考试，从深层面反映了国家选拔人才的标准发生变化，同时释放了国家对青年人才引导方向的新信号。

其中，重点聚焦青年在全面建设社会主义现代化国家的火热实践中发挥力量：考题从乡村振兴的战略部署层面出发，关注乡村振兴就要重视人才振兴，引导青年思考将所学知识转化为现实生产力，解决我国乡村振兴在人才、智力支持方面的问题，真正落实习总书记所言"把论文写在祖国大地上"。

乡村振兴战略对于全面建设社会主义现代化国家、实现第二个百年奋斗目标具有全局性和历史性意义。青年作为乡村振兴的主力军，是社会发展中最活跃的要素，他们具备丰厚的知识积累，在干事创业方面具有较高热情。青年可以充分利用自身在知识、技能、眼界等方面的优势，为乡村振兴注入强大动能。

国家鼓励知识青年进入乡村振兴赛道，从实践中来，到实践中去，扎根乡村，深植文化沃土，将科研、设计成果真真正正的应用于乡村实际问题，应用于为村民谋幸福，应用于乡村振兴。对于即将大学毕业的学生来说，他们正在面临毕业设计、职业选择、毕业去向等各种考量。毕业生们离乡村振兴这一赛道最近的实现方式，就是在完成毕业设计的同时也参与到乡村振兴中来。以乡村为选题，做到毕业设计既与现实相扣，又与乡村链接，深植沃土，落地转化延伸了毕业设计的价值。

例如考题中提到的"2022年联合毕设组织的'我在枫湖做毕设'"，《基于葛洪养生文化的盲盒IP形象设计》这一毕业设计就吸引到了商业资本的目光，促成了毕业生和企业的合作，让毕业设计切实转化为市场资本，吸引更多人关注产品背后的乡村文化，进而助推乡村的发展，实现乡村产业的自我造血。

（2）在校学子走进乡村，活化生产要素流通

坚定一个目标，做到三个发展。申论材料围绕推动乡村振兴这一目标，锁定多方共创、产学研融合、城乡要素融合三个发展角度，思考引导青年人才参与乡村振兴可以深化发展的方向。

在校学子走进农村，能够促进教育链、人才链与产业链、创新链有机衔接，打破高校与乡村的"围墙"，让教学科研工作与地方产业发展的需求真正的紧密结合。

此外，人才返乡也能活化乡村发展基本生产要素，让广大村民积极性迸发出来，让全社会支农助农兴农力量汇聚起来。整合政府、市场、高校师生多方资源，形成多方合力，打通城乡要素自由流动的制度性通道、畅通城乡经济循环，促进农业农村现代化。

产品的推进不仅仅是依靠青年学子的毕业设计来推动，学生将想法和创意带到乡村，同时也传递新思想给村民，村民告诉学生村子的人文、历史故事，生产与生活中的生态生存智慧，彼此相互学习，相互促进。

授人以鱼不如授人以渔。2022年，联合毕设的同学们积极走进乡村"答题"，与村民共同推进毕业设计作品的落地与转化，让村民深入到共创发展当中，逐渐接受新方式、新玩法、新动向。

公务员考题中提到了参与联合毕设的三位同学的毕业设计：东华大学毕业生向蓉的作品《基于葛洪养生文化的盲盒IP形象设计》植根于乡村当地的养生文化；设计专业学生郑宇辛以村里的"百草园"为目标挖掘中医文化；大四学生李儒涵基于湖头村养生文化的地方特色设计桌游文创品。这些毕业设计都拥有一个共性，那就是学生在指导老师的统筹指导下，依托于乡村的具体现实情况进行设计，利用乡村本地的文化灵感资源进行再创造。转换思维方式，在原有文化基调上寻找新的创意点，为乡村发展带来新鲜活力。

习近平总书记在二十大报告结尾殷切寄语青年："当代中国青年生逢其时，施展才干的舞台无比广阔，实现梦想的前景无比光明。""论文写在大地，设计做在城乡"不仅仅是一句口号。毕业设计对于每一个毕业生而言不仅仅是对学习成果的检验，更是从学生时代步入社会的一个过渡阶段。毕业设计期间所迸发的创意、创新能量，是一股奔腾壮阔的智力资源。联合毕设组织学生将这股力量运用在乡村大地上提升人民群众生活水平，助力农业农村现代化发展。

青年群体在乡村人才振兴中发挥着"蓄水池"的关键作用。立足新时代，若要实现理论学习和实践锻炼的良性互动，青年可以选择投身乡村振兴赛道，培养科学的思维能力、强大的心理素质以及良好的精神品格。

2023年浙江省公务员考试已经结束，但是乡村振兴这篇论文仍期待更多的知识青年返乡完成。

2023联合毕业设计报道

（1）首发仪式

2022年11月2日，2023全国联合毕业设计首发仪式在宁海县西店镇举行，新闻媒体报道了高校师生在现场"抢"选题的盛况，并首次报道提出宁海拟打响"毕设之城"品牌。

毕业设计选题发布现场　西店镇成人学校 供图

中新网宁波11月13日电 题：全国40所高校为何齐聚浙江宁海"抢"选题？

记者 王题题

中国新闻网（左）
宁波日报（右）

（2）开春路演

2023年2月18日，2023全国联合毕业设计"开春路演"系列活动在宁海县西店镇举行，主流媒体对青年学子开题路演、校地融合论坛、开春调研、工作坊等多项子活动的过程进行关注和报道。

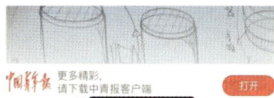

人民日报（左）
中国青年报（中）
经济日报（右）

央广网｜打造"中国毕设之城"宁波
宁海凝聚百所高校青年力量擘画蓝
图

联合毕业设计　2023-02-24 09:01 来自于北京

收录于合集
#媒体报道　　　　　　　　40个 ›

2023-02-18来源：央广网客户端

视频由罗孙志拍摄

央广网宁波2月18日消息（记者 陈金莲 通讯员
蒋攀 冯一飞）"这是一把折叠凳，也是一面可以

学习强国（左）
央广网（右）

（3）毕设嘉年华

2023年6月20日，2023全国联合毕业设计宁海毕设嘉年华在宁海"来in南"青年互联社区进行，新闻报道对联合毕业设计的答辩过程、作品落地转化，以及"真题真做"和校地合作的模式等进行了重点关注。

6项毕业设计落地变现！全国67所高校学子在宁海迎来"毕业答辩"

凤凰网宁波

"以'甜甜圈'为灵感，流线型的巧克力酱做装饰，设计了一款专为儿童使用的折叠凳；另一款在保留原有结构基础上，折叠凳还能用来玩投壶游戏，凳面还可以用来当飞盘玩……"

6项毕业设计落地变现！宁波宁海迎来67所高校学子"毕业答辩"

央广网　2023-06-20 21:25:06

央广网宁波6月20日消息（记者 俞烨 通讯员 吴帅 蒋攀）"以'甜甜圈'为灵感，流线型的巧克力酱做装饰，我设计了一款专为儿童使用的折叠凳；另一款在保留原有结构基础上，折叠凳还能用来玩投壶游戏，凳面还可以用来当飞盘玩……"6月20日，2023全国联合毕业设计答辩会在宁波宁海县"来in南"互联网文创园内举行，合肥学院的毕业生袁美怡正兴奋地介绍她为当地企业——腾浩公司改良设计的2款多功能便携式折叠凳。

全国67所高校学子在浙江宁海迎来毕业答辩

"以'甜甜圈'为灵感，流线型的巧克力酱做装饰，设计了一款专为儿童使用的折叠凳；另一款在保留原有结构基础上，折叠凳还可以用来玩飞盘玩……"

6月20日，浙江省宁波市宁海县"来in南"互联网文创园内，2023全国联合毕业设计答辩会正在举行，合肥学院的毕业生袁美怡正兴奋地介绍她为当地企业——腾浩公司改良设计的两款多功能便携式折叠凳。

凤凰新闻（左）
央广网（中）
光明日报（右）

潮新闻（左）
人民日报（右）

以"甜甜圈"为灵感，流线型的巧克力酱做装

2022联合毕业设计报道

2022年6月，中央电视台、人民日报、央广网等新闻媒体对联合毕业设计首次在乡村进行答辩、展览和作品落地的过程关注和报道，来自南京师范大学、苏州科技大学、东华大学的多名师生和地方的企业、乡村导师接受采访。

央视新闻（左）
人民日报（右）

在乡村里进行毕业论文答辩，你能想象吗？6月22日上午，长三角12所高校的60名毕业生来到浙江省宁海县的两个小村庄，在这里，他们完成了毕业论文和毕业设计答辩。

据介绍，从22日起，共有60个毕业设计亮相宁海乡村，既有可视化的乡村节点打造、品牌形象IP设计，也有村庄规划设计等方面的作品。毕业生们以乡村人居环境、空间美学、产业升级、文化振兴、乡村品牌等为选题，尝试从文化创意、设计驱动、社会创新的不同视角，为未来乡村建设、实现共同富裕注入青春力量。

宁波宁海：推动毕业设计转换落地 打造乡村设计实践基地

2022-06-22 23:09:54 来源 央广网

央广网宁波6月22日消息（记者 张雯雯 通讯员 蒋攀 尤才彬）"阳光书屋是依托下畈村露营基地独立打造的休闲空间，是为村庄引流而设计的一个网红打卡点，目前已完成80%主体构件的安装。"22日，一场特殊的乡村毕业设计答辩会在宁波市宁海县岔路镇的下畈村和湖头村同时举行，苏州科技大学毕业生蔡万权以《下畈村松树林阳光休闲书屋设计》为题，作现场阐述，并接受村民导师、产业导师、高校导师联合答辩。

毕业生作现场阐述（央广网发 通讯员供图）

一场特殊的毕业论文答辩在宁波乡村举行

2022年06月23日08:33 | 来源：人民网—浙江频道

"阳光书屋是依托下畈村露营基地独立打造的休闲空间，是为村庄引流而设计的一个网红打卡点，目前已完成80%主体构件的安装。"6月22日上午，一场特殊的乡村毕业设计答辩会在宁波市宁海县岔路镇的下畈村和湖头村同时举行，来自苏州科技大学的一名毕业生正在作现场阐述，并接受村民导师、产业导师、高校导师的联合答辩。

据悉，从6月22日起，共有60个毕业设计亮相宁海乡村，作品涵盖可视化的乡村节点打造、品牌形象IP设计、村庄规划设计等方面。毕业生们以乡村人居环境、空间美学、产业升级、文化振兴、乡村品牌等为选题，尝试从文化创意、设计驱动、社会创新的不同视角，为未来乡村建设、实现共同富裕注入青春力量。

一场特殊的毕业论文答辩！长三角12所高校师生团队将毕业设计"写"在宁海乡村

江南游报融媒体6月22日宁波电（记者 陈冲 通讯员 蒋攀 尤才彬 赖颖薇 编辑 江南）"阳光书屋是依托下畈村露营基地独立打造的休闲空间，是为村庄引流而设计的一个网红打卡点，目前已完成80%主体构件的安装。"6月22日，一场特殊的乡村毕业设计答辩会在宁波宁海县岔路镇的下畈村和湖头村同时举行，苏州科技大学毕业生蔡万权以《下畈村松树林阳光休闲书屋设计》为题，作现场阐述，并接受村民导师、产业导师、高校导师联合答辩。

一场特殊的毕业论文答辩 长三角12所高校师生团队将毕业设计"写"在宁海乡村

凤凰网宁波

打开凤凰新闻客户端 提升3倍流畅度

"阳光书屋是依托下畈村露营基地独立打造的休闲空间，是

长三角学子特别版毕业照。

乡村里的毕业设计

6月22日，在浙江宁波市宁海县下畈村的大樟树下，王宣宣进行了自己的毕业答辩。

浙江日报|真题真做！长三角12所高校60个毕业设计落地宁海乡村

澎湃新闻（左）
浙江新闻（右）

把设计"画"在大地上 这场在宁海乡村举行的毕业论文答辩很有意思

来源：新民晚报　作者：毛丽君　　2022-06-23 08:52:43

新民晚报讯（记者 毛丽君 通讯员 蒋攀 尤才彬 赖颖薇）"阳光书屋是依托下畈村露营基地独立打造的休闲空间，是为村庄引流而设计的一个网红打卡点，目前已完成80%主体构件的安装。""昨天上午，一场特殊的乡村毕业设计答辩会在浙江省宁波市宁海县岔路镇的下畈村和湖头村同时举行，苏州科技大学毕业生蔡万权以《下畈村松树林阳光休闲书屋设计》为题，作现场阐述，并接受村民导师、产业导师、高校导师联合答辩。

图说：答辩会场。蒋攀 摄（下同）

新民晚报

视频报道与自媒体

全媒体时代，短视频成为活动传播与推广的主要手段之一。全国联合毕业设计的短视频在内容策略、表达方式上，抛开了宏大叙事的手法，视频内容注重与年轻群体的情感链接，以贴近毕业生的实践日常、"年轻化"的创作方式诠释毕业设计的过程。以下是部分视频新闻报道、自媒体传播的内容节选。

（1）"乡聚毕设"视频

2022年6月，在枫湖毕业季进行之际，多家主流媒体从地方实践、高校育人的视角对毕业答辩、作品落地的过程关注，视频合集包含了中央电视台、凤凰网等媒体对活动的报道汇编。

2022 全国联合毕业设计视频报道
《"乡聚毕设"——枫湖毕业季》
2022 United Graduation Design Pilot Film
《The graduation season of Fenghu Lake - "Gathering at the end of the township"》

发布时间
2022 年
6 月 23 日

2022全国联合毕业设计视频报道

（2）啥是联合毕设？

2023年3月，2023全国联合毕业设计先导片对活动的过程和福利进行了"趣味"解读，乡村导师、企业导师、青年毕业生共同出镜，旨在鼓励毕业生走向联合毕设的舞台，展示青年的才华和风貌、讲述毕业设计的精彩故事。

2023 全国联合毕业设计先导片
《啥是联合毕设？》
2023 United Graduation Design Pilot Film
《What is a United Graduation Design？》

发布时间
2023 年
3 月 10 日

2023全国联合毕业设计先导片

（3）联合毕设访谈片

　　毕业设计因"联合"而充满故事。每个参与者都能在联合毕业设计的活动中，收获属于自己的故事片段。对于联合毕业设计的印象，有同学认为代表着青春，也有同学认为代表着新奇和充满想象。2023年5月，该视频以访谈形式，记录了来自企业主和不同高校青年学子代表的心声。

2023 全国联合毕业设计访谈片
《你认为的联合毕设》
2023 United Graduation Design Interview Film
《What do you think of United Graduation Design》

发 布 时 间
2023 年
5 月 27 日

2023全国联合毕业
设计访谈片

（4）青年五四宣言

　　五四青年节之际，全国联合毕业设计以"行走于乡村大地"为主题，推出"青年五四宣言"视频短片。内容短片在乡村选题现场摄制，以"青春践行之路""理想践行之路""携手并进之路""奋进未来之路"等四个篇章，体现参与联合毕业设计的学子对青年担当、时代使命的理解、思考和回答。

2023 全国联合毕业设计
《五四青年宣言》

2023 United Graduation Design
《May Fourth Youth Declaration》

发 布 时 间

2023 年
5 月 4 日

2023全国联合毕业设计《青年五四宣言》

（5）毕设嘉年华集锦

作为联合毕业设计最盛大的活动之一，宁海毕设青春嘉年华包括了终极答辩、全国联合毕业设计大展、艺术产业人才供需对接会和毕设青春歌会等内容，该视频对活动的精彩瞬间进行了编辑记录。

2023 全国联合毕业设计
宁海毕设青春嘉年华

2023 United Graduation Design
Ninghai Graduation Design Youth Carnival

发 布 时 间

2023年
6 月 20 日

2023全国联合毕业设计嘉年华

（6）大学生如何给乡村"带来丰收的喜悦"？

活动过程同样得到多个艺术专业领域的自媒体"大 V"（某一领域拥有大量粉丝的"意见领袖"）关注，其中，名为"美院安迪看艺术"的自媒体"UP 主"在 BILIBLI 视频网站发布的以"大学生如何给乡村'带来丰收的喜悦'"为主题的短视频，介绍了 2023 全国联合毕业设计大展的成果，视频播放量达到了 4.3 万，引发了毕设青年的广泛传播、共鸣和讨论。

2023 全国联合毕业设计
《大学生如何给乡村"带来丰收的喜悦"？》
2023 United Graduation Design
How can university students "bring the joy
of harvest" to the countryside?

发 布 时 间
2023年
6月20日

2023全国联合毕业
设计短视频"大V"
自传播

毕业设计，毕业论文，联合起来，

扎根大地，面向未来，走进乡村，

深入社区，走向车间……

知识创新，创意赋能，创新驱动，

乡村导师，产业课堂，价值共创，

成果共享，共同富裕，强国有我，

青年力量，届届相传，生生不息！

—— 联合毕业设计宣言

乡村振兴、共同富裕是时代大命题。高校青年是推进乡村建设的中坚力量，在人生最美好的青春年华，我们相聚乡村，发挥我们的专业所长，与国家共进，与时代同行。为此，我们向全球青年发出倡议：

我们响应时代号召，走向农村广阔天地，多实践、知民情、懂国情，以我们的专业知识和青春热情，投入乡村振兴，建设美好家园。

我们扎根乡村现场，了解乡村现状，探索乡村需求，虚心请教，尊重地域文化，与村民共创共建。

从现在开始，以"乡聚·毕设"为契机，积极行动起来，以主人翁姿态投身于乡村建设，主动献计献策、出智出力，争做青年服务乡村振兴的先锋力量。

我们生逢盛世，肩负重任！有年轻人的乡村才是有未来的乡村，我们呼吁更多的青年朋友，在学习中增长才干，在担当中历练品格，在乡村践行初心使命。让青春在奉献中焕发绚丽光彩，在乡村大地谱写青春之歌！

——首届联合毕业设计"我为乡村作贡献"倡议

结语

全国联合毕业设计，在探索未来概念与为真实世界设计之间，终将在时代的洪流中接受检阅。在这个过程中，我们更多地了解了城市、县域、乡村、城镇、街区、产业、创业者……，同时，我们也更多地直面我国设计教育的现状。

全国联合毕业设计已经行进了三个年头，其过程中的艰辛超出了预期。联合毕设行动启动于疫情管控期间，高校更为严苛的管理，使得宁海现场的计划一次次搁浅。宁海对于全国联合毕业设计持续支持，各方对于毕业设计成果的显现和转化抱有期望，但落地所需要的资金、场地、人员等必备因素涉及多个部门的协调，常常是组委会团队周旋于各个部门却难见成效。在财政预算下滑、财政经费使用的管理以及各个机构常态化的繁忙运转等现实面前，对于这样一项创新性行动，需要付出几倍的努力去推进。

这些年，我们频繁往返于上海和宁海，奔走于宁海的城乡。在组织和执行的过程中，团队面临极大的考验和挑战，从最初的选题调研开始，一方面，我们必须奔走于乡村农户、村委、企业、乡镇、县直各部门之间，听取实际需求、凝练选题内容。另一方面，我们还得与各个高校的师生团队保持沟通，过程长达10个月之久。虽然我们不是一个全职的专业团队，但我们竭尽全力，在选题凝练和发布等环节，充分发挥本专业的知识进行了成功的组织和表达。在活动策划执行、社交媒体运行、项目整体管理等方面，得到了宁海县委宣传部、西店镇人民政府、岔路镇人民政府等相关部门的大力支持，再次表示衷心的感谢！

幸好，大家都十分看好联合毕业设计的模式，来自地方政府和各个参与高校以实际行动支持联合毕业设计的开展，这恰是我们前行的最大动力。前两届的探索，走过了从0到1最艰难的开拓阶段，也奠定了我们前行的基础和信心。我经常鼓励团队，要将前两届所有的文档资料归类整理并进行总结，在此经验基础之上后面每一届的更新升级会顺利很多。话虽如此，面对扑面而来的工作量，团队需要的投入与付出似乎漫无边际。但我们坚定地认为，确立了正确的方向，进行有意义的探索，路虽远，行则将至。

接下来，我们仍有一系列的挑战和困难横亘于前，主要体现在两个方面：一是联合毕业设计对于地方经济、文化、社会的直接贡献如何体现，主要是作品的落地和转化效果。二是对于设计教育能否提供有价值的材料，这需要在组织联合毕业设计的同时，及时进行教学研究和科研转化。而这两个主要问题，恰是校地融合、产教融合的两端，我国作为全世界设计教育体量和规模最大的国家，设计人才的培养对于地方、产业的贡献如何体现，在众多的论坛会议或者课题研究中，似乎鲜有触及。我们通常将毕业生就业率视为高校专业建设的晴雨表，相较于理工科而言，近几年艺术设计类的毕业生就业一次次迎来"最难的一年"。近十年来，主流的就业趋向是互联网公司等"大厂"，而在技术变革、社会转型的大背景之下，尤其是人工智能技术的跃迁式逼近，这种人才供需结构性矛盾会日益加剧，在产业链、价值链重构的过程中，新的职位和工作内容亟须新的综合性人才。艺术设计的毕业生以创意、创新的特质见长，他们能够在毕业设计和毕业论文的选题阶段，深入到社会和产业的最前沿和第一线，对于打通高校人才培养和社会职位需求的"最后一公里"，应该是一种积极的探索。

全国联合毕业设计的发起和推动，得到浙江省宁波市、宁海县领导李贵军、方勤、徐旭东、姚国中、葛民越、叶挺、叶亦健、万崇文、陈云松、仇昌兴、陈国军、伍未望、王银宁、张淑婷、章建斌、储玲琴、蒋攀、尤才彬等同志的大力支持。东华大学党委主要领导亲自到场指导，有东华大学相关部门领导任晓杰、秦泽峰、赵明炜、王治东、向娟、董晓光等，有服装与艺术设计学院领导吴晶、李俊、王朝晖、周洪雷、于晓坤、刘雯玮、张云洁、陈春云等，冯信群、周武忠、林迅、张展、于炜、席涛等教授多次到现场指导，王亚明、余继宏、吴春茂、周之澄、林峰、沈琼等老师直接带队参与，一并致以感谢。

行动全过程得以顺利执行，要感谢我的团队，他们是2021级、2022级、2023级的博士生和硕士生同学袁诗群、张振馨、于剑平、王淼、周子萱、胥德连、盛丽玮、何奉霖、贾晓晨、乔彬倩、韩舒宇、宫明琬玉、李儒涵、林季冬、周沫含、祝俪珊以及王晓龙、汪旭等，感谢你们克服困难、始终战斗在第一线。本书出版得到东华大学出版社的大力支持，曹晓虹等老师为此倾注了很多心血，才让本书得以顺利付印。

当然，更要感谢全国各地参与高校的老师和同学们（2022、2023参与师生全部名单附后），没有同仁们的支持和参加，谈不上"联合"，参与高校来自全国各地，确实是在"联合"中推进融合和合作。"全国联合"看似阵仗较大，而实则是一门课程改革，无宏大叙事之意，望同仁们多提宝贵意见，共勉共进。本书完稿之时，正是2024全国联合毕业设计开启之际，外加本身的教学、科研和日常事务，匆忙之中难免存在各种不足，恳请专家、同仁们不吝批评指正。

2022全国联合毕业设计参与师生名录

（1）指导教师

姬　琳、吴振韩、张　博、莫军华、华亦雄、田密蜜、王欣凯、王志蓉、谭睿光、杨潇雨、郭谌达、吴文治、唐　真、刘剑伟、陈庆军、余继宏、周之澄、郑志元、蔡　飞、宋蓓蓓、陈　泓、赵　一、卜令峰、邵国良

（2）参与同学

赵佳琪、张之栩、沈祎尧、倪倩倩、李　响、岳家民、邱淑凡、许菁奕、周文晔、吕雪梅、姜建平、王　丹、夏橙雨、裴子辰、方　鑫、蔡万权、曾艳霞、陈正钰、平雨涵、郑宇辛、徐　笑、张　哲、胡芷悦、吴怡哲、周宇轩、杨裕凯、王子杰、刘　霏、陈科伦、章程远、汪晨阳、吴冠辰、汪舒心、管晶晶、唐子涵、王欣奕、陈蒙蒙、李季雯、胡婉欣、汤思雨、陆佳顺、刘　凡、王雨佳、王贺云、陈宇昊、周雨蒙、郝柔柔、李儒涵、向　蓉、李诗宇、王宣宣、杨鋆澜、周瑾宇、李妍妍、崔　健、陈伊楠、王馨唯、孟　昕、张瀚坤、曹晨晨、李炊遥、汤　畅、周文正、李佳妮、孙雨婷、李啸天、祝飞鹏、安　雪、王骆安琪、毛雨冰、刘　涵、何　红、常浩东、汪芳芳、张　莹

（以上排名不分先后）

2023全国联合毕业设计参与师生名录

（1）指导教师

高　瞩、许继峰、田密蜜、莫军华、周承君、吴文治、孔繁强、张学忠、
王小元、汪　军、李　鹏、谭睿光、郑志元、韩禹锋、陈庆军、陈　泓、
高锐涛、姬　琳、邵国良、杨　超、张　博、杨潇雨、余继宏、吴春茂、
沈　琼、周之澄、唐　卫、陶奕骏、华亦雄、王文瑜、黄　亮、褚　力、
石　林、吴珊珊、孟　刚、任新宇、郭谌达、张晓青、龚丽妍、朱吉虹、
方茂青、徐茂剑、顾媛媛、刘剑伟、范俊杰、田　野、张　鑫、姚　佳、
牛玉慧、郭佩艳、冯道刚、于瑞强、王　淼、林　霞、孟　梦、谢　珂、
李泽慧、丁雪妍、倪　峻、黄黎清、李明珠、刘方林、龚丽研、褚海峰、
丁　峰、张　帆、刘　林、孙　静、朱永忠、李晓琼、汪　利、杨木生、
邬秀杰、徐家玲、伍云秀、盛玉雯、姜　龙、吴珊珊、周璟璟、张　鹏、
关　荣、张洪艳、王　珊、周　恒、刘艳红、程梅珊、冯豫韬、蒋　芊、
李挚旻、方振军、徐薇薇、汪　鑫、赵　锋、旭日纳、徐宝娟、严　茜、
王　迪、李琳琳、赖凌洁、王　汀、王　虹、王　伟、姚　恒、沈燕清、
俸玉婷、狄　野、张毛毛、陈金亮、杨东娜、张　超、张　璜、杨木生、
史雷鸣、李　咛、蔡媛媛、王斯薇子、杨艳红、许　娜、荣金金

（2）参与同学

闫　凤、白超群、孙　召、赵浩然、章佳娜、刘馨桐、杜海涛、王立平、
黄振铭、曹笑妍、陈梁梁、胡可盈、黄文诗、林欣瑜、刘一诺、郑黎敏、
蔚诗睿、梁启程、何昭鹏、余　谦、朱佳燕、詹　航、崔义鑫、蒋璐羽、
何　鑫、丁卓銎、陈　恋、陈奕雯、孙雅婷、李雨桐、刘骐豪、葛子欣、
庞文文、李　娇、程芷怡、金欣怡、郑可怡、江思思、张新明、史　文、
周　涛、余秋瑭、石永敏、徐元卿、费文芝、祝婉仪、陈红艳、张雅宁、
陆诗樱、谢舒静、刘婧茹、罗　俊、尹雪儿、吴　怡、赵　琦、谭　丽、
白　欣、孙　徐、欧阳佳乐、吴文轩、李心诺、王　兰、衡子婷、
张福旭、林雨欣、陈澜楠、任　婧、刘婉如、温可昕、甘尧中、韩舒琪、
崔蒲晶、袁美怡、卫梦妍、王晓钢、林丽君、马潇骅、何嘉瑞、陈坚坚、
李为航、林子灏、陈治西、黄盈默、徐　杨、陈　峥、杨　拔、方家国、
方　琦、鲍　昕、孙铭璐、朱向荣、黄若冰、吴鸿翔、涂禹霏、张　杰、
马晓宇、鞠晓凤、刘　想、李　清、钱　瑾、吴东格、陈　漪、林天佑、

蒋一心、厉艺潇、杨燕菁、陈　涵、邓志辉、龙彩丽、刘　玥、王鑫凤、
郭媛媛、洪美旗、袁思涵、詹雯淇、王宏哲、富　楷、金佳洁、车思晴、
苏俊杰、赵子凌、黄薛晨、徐伟群、瞿锦娜、崔蒲晶、周小凤、彭　丹、
周　敏、章婉婷、卫　樾、许端敏、刘　鑫、鹿　森、马佳慧、侯宇轩、
黄　珂、马欢欢、郭凯庆、周小凤、朱琳吟、潘雪勇、陈秋如、施梓贤、
杨维宗、叶　春、孙一诺、刘佳沁、袁　慧、王逸辰、袁玮烨、孙　晶、
汪思文、周明玥、王婷婷、彭　聪、果菁菁、朱晓琪、洪腾蛟、张泰泓、
宁　毅、杨修鸿、苏嘉雪、何嘉欣、吴晓倩、吴雪珂、王忆翎、冯诗琪、
王慧洁、江玉婷、彭　淋、杨洪萍、罗月灵、郑可怡、杨泽宇、高　鑫、
滕　跃、黄丽萍、成　虹、方昊驰、于臻蔚、段　淼、王　晶、吴　静、
韩文静、孙玉轩、林文彩、朱妍昕、黄　鑫、黄玉嫦、刘翊雯、关淑文、
雷明博、盛潇冬、季正原、胡　蝶、张津铭、景梓轲、袁欣霖、李　妥、
彭石任、黄堡仪、朱泳茵、吕成龙、宋思佳、张　钰、赵程扬、沈哲轶、
杨晨璟、郭思宇、刘龙龙、吴世杰、王　瑞、孙振轩、李　昭、沈　忱、
王文娟、舒　杭、余梦远、李菲铭、林　瑶、张　艳、张婷婷、陈广荣、
文　妍、张　洁、张彦祥、吴绯阳、吕冠凝、褚晟杰、陈慧怡、唐佳琪、
陈智伟、王怀熹、赵嘉玥、孙　炎、于泽坤、强浩堃、樊　高、李春霞、
王浩羽、何沈妍、郭书含、马　晨、李梓珩、刘楚煜、刘　璐、郭竞怡、
吴星瑶、方　涛、张翌冉、章雯喻、浦振飞、周佳怡、徐辰璇、孙晨瑶、
刘思微、毛　钏、任俊伊、廖雪梅、李雯轩、姜成驹、周　千、王　雨、
钟雪仪、申　奥、包　滢、陈　澄、王雨秋、丁潇奕、杜　萍、赵文婧、
朱兆琪、尚佳莹、白玹菡、连梦菲、祝珂珂、胡蒙蒙、黄欣语、王忆翎、
陈思宇、包　悦、牛明瑾、杨若澜、云诗迪、朱旻迪、尹然其、马艺嘉、
李蓉畅、何佳妍、陈昱坤、吴万鹏、褚洁滢、郑心慧、项欣雨、贺文昱、
王兰心、李子游、龚铭慧、蒋　璨、陈昱洁、黄晨佳、李净如、张嘉琪、
陈　玥、吴沁纹、朱丽琴、裴素艳、李梦萍、张梦凡、李文娟、余雅格、
王书湘、韩嘉丽、郭明浩、洪　瑞、朱引超、盛丽玮、胥德连、乔彬倩、
韩舒宇、贾晓晨、喻娟娟、梁钰然、李沐雪、钟汶运、王熙幻、王艺璇、
方德荣、陆　淼、刘　燕、雷　恬、江辰晨、徐　恩、汪宜翔、倪瑞瑞、
彭俊杰

（以上排名不分先后）

　　全国联合毕业设计得到了党中央和教育部领导的肯定，接下来，我们将按照要求，进一步以助力乡村振兴国家战略为牵引，深度挖掘设计学科优势特色，链接地方和高校两端的需求和资源，以"设计助力乡村振兴"，推进专业实践与地方发展"双向"融合，以浙江宁海的实践经验为基础，以毕业设计实践课程为具体抓手，将育人过程与社会实践相结合，通过课内外一体化设计深化实践创新，打造学生"受教育、长才干"的生动教材。全国联合毕业设计将逐步形成高校、乡村、社区、企业、城镇共同参与的实践共同体，以此延伸高校毕业设计、毕业论文的价值链和创新链。千万城乡需要千万青年！未来，我们将持续探索，努力形成可复制、能推广的实践育人新范式和新样本。

乡土
中国 ▶▶ 时尚
中国 ▶▶ 美丽
中国

乡村
生活 ▶▶ 城乡
融合 ▶▶ 美好
生活